Compact

メディア産業論

湯浅正敏・宿南達志郎・生明俊雄
伊藤高史・内山 隆［著］

有斐閣コンパクト
YUHIKAKU COMPACT

目　次

序章　変革期を迎えたメディア産業 ——————— 1

1. インターネットの既存メディアへの影響 ……………… 1
2. メディアビジネスの流通形態の変化 …………………… 3
3. デジタル・コンテンツ市場，ネット流通市場の現状 … 6
4. メディア事業者を取り巻く5フォース ………………… 8

第1章　放　送 ——————————————— 11

1. 放送産業の概況 ………………………………………… 12

   放送産業を形成するもの　12　　財源方式からみた放送事業者　13　　放送免許からみた放送事業者　16

2. デジタル放送の進展と放送の多様化 ………………… 19

   CSデジタル放送と多チャンネル化　19　　高画質を中心としたBSデジタル放送　20　　110度CSデジタル放送にもHDTV　22　　地上デジタル放送でワンセグ放送登場　24　　HDD向けのサーバ型放送　26

3. 放送コンテンツの制作と流通 ………………………… 27

   テレビネットワークの番組流通　27　　アメリカのシンジケーション　29　　放送局と番組制作会社　31　　テレビ番組のブロードバンド配信　33

4. デジタル放送をめぐる諸問題 ………………………… 36

   地上デジタル普及に向けてのIP再送信問題　36　　放送番組のコンテンツ保護問題　38　　デジタル時代に向けてのNHK改革　40　　放送・通信融合時代の放送事業者　42

   Column①　2011年デジタル新タワー完成 ……………… 45

第2章　通　信 ——————————————— 47

1. 通信市場の概況 ………………………………………… 48

市場規模 48　　企業グループと収益構造 48　　携帯と固定の関係 49　　音声からデータへ 51

2　固定電話市場 ………………………………………… 52

　　　電話の歴史 52　　競争の導入 52　　相互接続ルールの整備 53　　基本料の値上げ 55　　NTTの再編成 55　　マイライン導入 56　　加入電話・ISDNの推移 58　　国際通信での競争 60　　直収電話による新たな競争 61　　ユニバーサル・サービス 62　　2種類のIP電話 63　　IP電話と業界再編成 64

3　携帯電話市場 ………………………………………… 65

　　　自動車電話から携帯へ 65　　競争の歴史 65　　携帯電話のビジネスモデル 67　　市場シェア 68　　周波数割当政策 70　　番号ポータビリティ 72　　メディアとしての携帯電話 73　　今後の携帯市場 74

4　通信事業の近未来 …………………………………… 75

　　　設備のオールIP化へ 75　　ブロードバンドの付随サービスへ 76　　IP電話による固定と携帯の融合 76

Column②　日本の情報通信インフラは世界一なのか？ ……… 78

第3章　インターネット ——————————————— 79

1　インターネット接続サービス ……………………… 80

　　　インターネットの歴史 80　　ダイヤルアップから常時接続へ 81　　インターネット利用者数 82　　インターネット接続サービス事業 83　　アクセスラインの提供 85　　プロバイダーの提供機能 86　　インターネットと新技術 87

2　インターネットと伝統的メディア ………………… 88

　　　ポータルサイト 88　　放送と通信 89　　インターネットと新聞 90　　メディアとしてのインターネット 92　　オンライン音楽・映像配信 95　　出版とインターネット 96　　インターネットの新しい利用形態 96

3　さまざまな利用形態 ………………………………… 98

　　　電子商取引の市場規模 98　　流通革新 99　　先進的な

ネット企業　100

4　政府のIT化戦略とその成果 …………………………… 103

　　　e-Japan戦略　103　　e-Japanからu-Japanへ　104　　日本の電子政府化に関する評価　105　　海外の電子政府　106　韓国のIT化戦略　106

5　インターネットの課題 …………………………………… 107

　　　デジタル・ディバイド　107　　迷惑メールへの対策　109　詐欺行為への対応　109

　Column③　ユビキタス・ネットワーク ……………………………… 111

第4章　新　聞 ——————————————————————— 113

1　日本の新聞産業の構造的特徴 …………………………… 114

　　　巨大な発行部数　115　　発行部数上位を独占する日本の新聞　116　　一般日刊紙の分類と全国紙　116　　地方紙と一県一紙体制　117　　共同通信社と地方紙　118　　変容する通信社像　120　　高い宅配率と販売店網　121　　高級紙と大衆紙　122　　比較的低い広告への依存度　123　　放送局への関与　125　　スポーツ紙　127

2　新聞産業の課題と危機 …………………………………… 128

　　　落ち込みが始まった部数　128　　加速する夕刊離れ　128　廃刊続く地域紙　130　　広告の危機　131　　若者の新聞離れ　132　　インターネットの普及　133　　フリーペーパーの脅威　134

3　課題と危機への対応 ……………………………………… 136

　　　総合情報機関としての新聞　136　　インターネットへの取組み　137　　インターネットでの有料サービス　138　　インターネットの活用　139　　著作権　140　　新聞離れへの対応＝NIE　142

4　報道機関の使命と新聞ビジネス ………………………… 142

　Column④　新聞産業への新規参入 …………………………………… 144

第5章 出 版 —————————————————— 145

1 日本の出版産業の構造的特徴 …………………… 146

1 出版の生産過程 147
小規模な出版社がひしめく業界 147　編集プロダクション 149

2 出版の流通過程 150
寡占的構造の出版流通 150　書店とCVS 152　再販制度・委託制度 153

2 出版産業の動向 ……………………………………… 155
構造不況業種としての出版産業 155　書籍 156　雑誌 157　週刊誌 158　漫画 159　分冊百科・ムック 162

3 出版不況への対応 …………………………………… 163
出版流通改善に向けての動き 163　オンライン書店 165　電子書籍 166　著作権ビジネス 167　漫画の海外進出 169　著作権法の動向 170　フリーマガジン 171　図書館，新古書店，漫画喫茶 172

4 活字文化の未来 ……………………………………… 173

Column⑤　裁判でもメディア不信の流れ ………………… 176

第6章 広 告 —————————————————— 177

1 広告産業の概況 ……………………………………… 178
媒体別広告費の規模 178　広告会社の起こりは取次業 180　広告会社の寡占化 181　広告会社の種類と新しい業態 183　欧米と比べた広告取引の特徴 185　メガ・エージェンシーと国内広告会社の再編 186

2 広告ビジネスの変化 ………………………………… 189
広告取引の変化 189　コミッションの低率化とフィービジネスの開発 191　インターネットによる新しい広告形態 193　メディアニュートラルの時代 196

Column⑥　番組とCMの融合 ………………………………… 199

第7章 映像コンテンツ —————————————— 201

1 映像コンテンツの基幹となる映画 …………………… 202
映像コンテンツ産業の概観 202　　産業の規模：定量的概観 203

2 映画のビジネス・プロセス ……………………………… 205
企画・開発と財務 206　　制作（プロダクション） 208　　配給・興行（マーケティング） 209　　版権ビジネス 211

3 日本の映像コンテンツと世界の映像コンテンツ …… 212
ハリウッドの圧倒的強さとその領域 213　　アニメとゲームは日本の競争優位？ 215

4 国家戦略の中心に位置づけられたコンテンツ産業 … 216

Column⑦　デジタル・シネマ ………………………………… 220

第8章 音　楽 ————————————————— 221

1 市場の縮小が進む世界の音楽産業 ……………………… 222
ソニーとBMG合併の衝撃 222　　歯止めが効かないCD市場の下降 223　　インターネットがもたらした混迷 226

2 メディアの変遷と音楽産業の歩み ……………………… 228
メディアとレコード産業の伸展 228　　CDの誕生とデジタル時代の到来 230　　音楽聴取の多様化 232　　コピー問題とレンタル業の出現 233　　カラオケ産業の隆盛 236　　通信カラオケが先行した音楽配信 237

3 構造変化が始まる音楽産業 ……………………………… 239
iPodの普及が意味するもの 239　　変身を強いられるレコード産業 242　　始まった音楽産業の再編成 243　　広がる音楽ファンの選択肢 245

Column⑧　「スーダラ節」の歴史的意義 ……………………… 248

索　引 ————————————————————— 249

執筆者紹介 (執筆順)

湯淺　正敏 (ゆあさ　まさとし)　　　　担当：序章, 第1章, 第6章
1952年生まれ。1975年千葉大学人文学部卒業後, 株式会社博報堂勤務を経て, 現在, 日本大学法学部新聞学科教授。
主要著作：『放送VS通信——どうなるメディア大再編』(共編, 日本実業出版社, 2001年),『デジタル放送のことがわかる本』(編著, 日本実業出版社, 1996年),「HDD録画はテレビ広告をどう変えていくのか」(『情報通信学会誌』第20巻第2号, 2003年)。

宿南　達志郎 (しゅくなみ　たつしろう)　　　　担当：第2章, 第3章
1952年生まれ。京都大学経済学部卒業後, 1981年UCLA大学院経営学修士課程修了。NTT勤務, ハーバード大学訪問研究員, 神戸大学大学院経営学研究科助教授, 株式会社NTTドコモ勤務を経て, 現在, 慶應義塾大学メディア・コミュニケーション研究所教授。
主要著作：『eエコノミー入門』(PHP研究所, 2000年),「進化するメディア——携帯電話」(『メディア・コミュニケーション』第55号, 79〜97頁, 2005年)。
"The Expanding Market and the Competition of the Third Generation Wireless Telecommunications Services in Japan," *Keio Communication Review*, No. 27, pp. 1-20, 2005.

伊藤　高史 (いとう　たかし)　　　　担当：第4章, 第5章
1967年生まれ。1998年慶應義塾大学大学院法学研究科博士課程修了 (法学博士), 89年日本新聞協会に入会, ドイツの新聞研究機関「Ifra」への出向, 機関誌『新聞協会報』記者などを経て, 2004年慶應義塾大学メディア・コミュニケーション研究所助教授 (有期採用)。現在, 創価大学文学部社会学科助教授。
主要著作：『「表現の自由」の社会学——差別的表現と管理社会をめぐる分析』(八千代出版, 2006年),「国際報道と客観報道主義」(武市英雄・原寿雄編『グローバル社会とメディア』ミネルヴァ書房, 2003年),「表現の自由論再考」(鶴木眞編『コミュニケーションの政治学』慶應義塾大学出版会, 2003年)。

内山　隆（うちやま　たかし）　　　　　　　　　　　担当：第7章
　1966年生まれ。1994年，学習院大学大学院経営学研究科博士後期課程満期退学。現在，千葉商科大学商経学部教授，特定非営利活動法人映像産業振興機構理事，慶應義塾大学新聞研究所/メディア・コミュニケーション研究所研究員。この間，財団法人電気通信政策総合研究所（現・国際通信経済研究所）嘱託研究員。
　主要著作：『放送メディアの経済学』（菅谷実・中村清編，中央経済社，2000年），『映像コンテンツ産業論』（菅谷実・中村清編，丸善，2002年），「メディア・コンテンツ振興政策の手法と理論の考察――欧州映画振興策の経験から」（『平成13年度情報通信学会年報』2002年）。

生明　俊雄（あざみ　としお）　　　　　　　　　　　担当：第8章
　1940年生まれ。ビクターエンタテインメント株式会社勤務を経て，2002年東京大学大学院人文社会系研究科修士課程修了。東京工業大学，富山大学講師を経て，現在，広島経済大学経済学部メディアビジネス学科教授。
　主要著作：『ポピュラー音楽は誰が作るのか――音楽産業の政治学』（勁草書房，2004年），『J-POPマーケティング――IT時代の音楽産業』（共著，中央経済社，2001年），「メジャー・レーベルの統合が意味するもの」（東谷護編『ポピュラー音楽へのまなざし――売る・読む・楽しむ』勁草書房，2003年）。

序章　変革期を迎えたメディア産業

1　インターネットの既存メディアへの影響

『情報通信白書』（平成17年版）によると，2004年度末におけるインターネット利用人口は推計で7948万人，人口普及率62.3％に達し，インターネットはパソコンからだけではなく，携帯電話からも手軽に利用できるようになり，国民生活に広く行き渡ったものとなっている。また，自宅のパソコンからインターネットを利用している世帯の6割強は，常時接続によるブロードバンド回線を利用している。そして，インターネットは，生活者の媒体接触時間やメディアへの支出などに変化をもたらしている。

1日あたりのインターネットの利用時間は，37分（前年32分）と新聞の31分（前年33分）を上回った。インターネット利用の影響で，2年前と比べて「テレビを見る時間」や「雑誌や新聞を読む時間」が減ったと答えた人の割合も高まっている。また，メディアへの支出についても，雑誌の購入金額，テレビゲーム，音楽CD（セルおよびレンタル），新聞の購入金額などが減ったと答える人が増えてきている。インターネット利用の増加は，広告

図0-1　国民生活の変化

(1) インターネットによる生活時間・行動頻度の変化（2年前との比較）

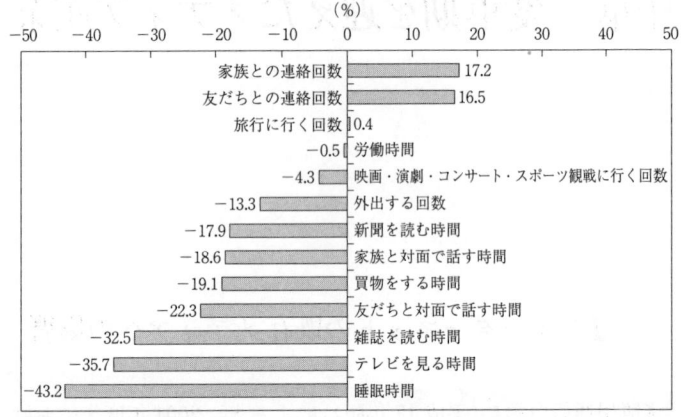

項目	(%)
家族との連絡回数	17.2
友だちとの連絡回数	16.5
旅行に行く回数	0.4
労働時間	−0.5
映画・演劇・コンサート・スポーツ観戦に行く回数	−4.3
外出する回数	−13.3
新聞を読む時間	−17.9
家族と対面で話す時間	−18.6
買物をする時間	−19.1
友だちと対面で話す時間	−22.3
雑誌を読む時間	−32.5
テレビを見る時間	−35.7
睡眠時間	−43.2

(注) 各項目に対して「増加した」と回答した利用者の割合から「減少した」と回答した利用者の割合を差し引いたもの。

(2) インターネット利用による支出の変化（2年前との比較）

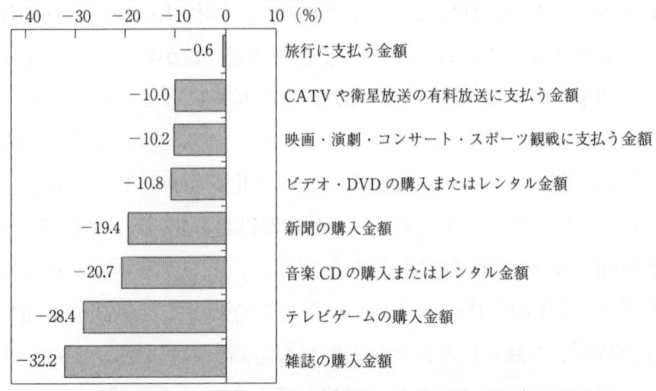

項目	(%)
旅行に支払う金額	−0.6
CATVや衛星放送の有料放送に支払う金額	−10.0
映画・演劇・コンサート・スポーツ観戦に支払う金額	−10.2
ビデオ・DVDの購入またはレンタル金額	−10.8
新聞の購入金額	−19.4
音楽CDの購入またはレンタル金額	−20.7
テレビゲームの購入金額	−28.4
雑誌の購入金額	−32.2

(注) 各項目に対して「増加した」と回答した利用者の割合から「減少した」「必要性は変わらないが仕方なく減らした」と回答した利用者の割合を差し引いたもの。

(出所) 総務省編［2005］,『情報通信白書』（平成17年版）。

市場にも反映され，2004年に初めてラジオ広告費を上回ったインターネット広告費は，2005年で2808億円（前年比154.8％）と高い伸びを示している。一方，既存マスコミ4媒体（テレビ，ラジオ，新聞，雑誌）の広告費は前年を下回る結果となっている。

このようにインターネットは着実に従来のメディアが提供してきたコンテンツや情報にかかわるサービスを一部代替してきており，既存メディアにとっては，脅威の存在となっている。

では，次にメディア産業を形成する，メディアビジネスの構図のなかで，インターネットによるコンテンツ流通の変化について触れたい。

2 メディアビジネスの流通形態の変化

まず，メディア産業にかかわっている事業者は，放送事業者，新聞社，出版社，映画会社，レコード会社，インターネット・携帯電話事業者など，コンテンツの制作・流通の中核を担っているメディア事業者を筆頭に，テレビ番組の制作プロダクションや出版編集プロダクションなど制作会社，新聞販売店，書籍取次，書店，映画館，受託放送事業者（衛星通信会社）などの流通事業者，そしてメディア事業者がスポンサー収入を財源とする場合，広告媒体セールスを代行する広告会社に分類される。

放送局や新聞社などメディア事業者が，ビジネスとして事業を成り立たせるためには，コンテンツの制作，コンテンツ流通の販路，伝送路（インフラ），利用者がコンテンツを受け取るためのメディア（受信端末やパッケージなど），サービス形態，そして事業を成り立たせるためのビジネスモデルや財源などが必要とな

ってくる。

　放送局でいえば，テレビ番組を制作し，時間編成して，地上波を使い（全国放送の場合は系列局をネットワークして），放送という形態でテレビという受像機を通して視聴者に番組が届けられる仕組みである。地上波テレビの民間放送の場合は，広告というスポンサーから収入を得ることによって，無料放送が成り立っている。また，新聞社でいえば，一般紙では，数多くの記者を抱え，書かれた記事を新聞紙面に編集し，輪転機で印刷された新聞紙を梱包して新聞販売店へ配送し，各販売店から自宅まで配達されて，郵便受けに新聞紙が届くことになる。

　メディアビジネスのコンテンツの流れである，制作，流通（流通網，インフラ），受信端末あるいはパッケージメディアのなかで，流通ではインターネット，受信端末では，パソコン，携帯電

図0-2　メディア産業にかかわる事業者間の構図

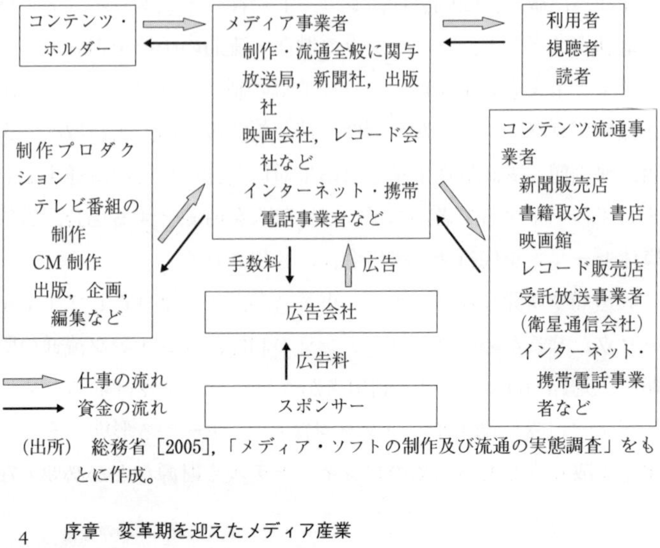

```
┌──────────┐ ⇒ ┌──────────────┐ ⇒ ┌──────────┐
│コンテンツ・│   │メディア事業者      │   │利用者    │
│ホルダー    │   │制作・流通全般に関与│ ← │視聴者    │
└──────────┘   │放送局，新聞社，出版│   │読者      │
                 │社                  │   └──────────┘
                 │映画会社，レコード会│   ┌──────────┐
┌──────────┐   │社など              │   │コンテンツ流通事│
│制作プロダク│ ⇒ │インターネット・携帯│ ← │業者        │
│ション      │   │電話事業者など      │   │新聞販売店  │
│テレビ番組の│   └──────────────┘   │書籍取次，書店│
│制作        │        ↓手数料 ↑広告      │映画館      │
│CM制作      │      ┌──────────┐       │レコード販売店│
│出版，企画， │      │広告会社    │       │受託放送事業者│
│編集など    │      └──────────┘       │（衛星通信会社）│
└──────────┘            ↑広告料         │インターネット・│
                        ┌──────────┐   │携帯電話事業  │
⇒ 仕事の流れ            │スポンサー  │   │者など        │
→ 資金の流れ            └──────────┘   └──────────┘
```

（出所）　総務省［2005］，「メディア・ソフトの制作及び流通の実態調査」をもとに作成。

話が，既存ビジネスに構造変化をもたらそうとしている。

自宅にインターネットによってネットワーク化されたパソコンが行き届き，さらに通信回線がブロードバンドになったことによって，映像や音楽などのリッチコンテンツも従来と比べて高速で送れるようになると，コンテンツ流通に変化が生じてくる。

テレビ番組というコンテンツは，何も電波を使ってテレビ受像機を通さなくても，技術的にはブロードバンドによるインターネット動画配信によって送ることができるようになった。放送局にとっては，ネット配信という新たな伝送路（ブロードバンド）および受信端末（パソコン）が出てきたことになる。また，新聞社も記事というコンテンツは，新聞紙という形態だけでなく，多くの新聞社がパソコン向けにウェブサイト上でニュース記事を提供するなど，携帯電話向けの情報提供サービスも併せて行っている。さらに，通常の新聞紙面のレイアウトで動画も取り込み，ブロードバンド回線を通じて，契約家庭のパソコンへ届けるサービス（産経新聞 Net View）も登場している。新聞社にとっても，将来電子ペーパーが本格普及すれば，新聞販売店による戸別配達網や新聞紙がブロードバンド配信と電子ペーパーという新たな代替手段に一部移行する場合も想定される。

紙媒体から電子媒体へのコンテンツ流通が起こっているのは，書籍，雑誌といった出版も同様である。出版市場全体では，1997年と比べて4000億円近く市場が縮減しているなかで，パソコンや携帯電話あるいは専用読書端末などに漫画や小説などをダウンロードして読む電子書籍も新たな市場として出てきている。

また，縮減しているコンテンツ市場といえば，音楽CDといったパッケージ系メディアの販売も低迷を続けている。インターネ

ットでの無料交換ファイルソフトの蔓延により，音楽を無料でダウンロード（入手）できることが有料音楽配信ビジネスを一時停滞させていた。だが，アメリカで成功したアップル iTMS の日本市場進出を契機に，パソコンを通して1曲単位でダウンロード購入できる手軽さや，iPod ナノなどデジタル携帯音楽プレイヤーで音楽を聴く新しいライフスタイルが定着し，音楽配信ビジネスが本格化する兆しが出てきた。また，携帯電話での着メロ，着うたの配信市場も 1000 億円を超え，着実に拡大している。

このように放送という電波メディアから，新聞，出版といった紙媒体，音楽 CD というデジタル・パッケージ・メディアに至るまでデジタル化されていくと，すべてのコンテンツは著作権上の権利問題を別にすると，技術的にはインターネットに取り込まれていくわけである。

3 デジタル・コンテンツ市場，ネット流通市場の現状

各産業で，インターネットが流通手段となり，パソコンや携帯電話などへコンテンツが提供されると，コンテンツも自ずとデジタル化されてくるわけであるが，ここでデジタル・コンテンツ市場の規模と特徴を見てみたい。

『デジタルコンテンツ白書 2005』によると，日本のメディア・コンテンツ産業の市場規模全体では，総計 13 兆 3362 億円で，そのうちデジタル・コンテンツ市場（2004 年）は，2 兆 4685 億円で，前年 11.1％ の伸びとなった。デジタル・コンテンツ市場は，パッケージ系（1 兆 6197 億円），インターネット系（4636 億円），携帯電話系（2330 億円），デジタル放送系（1522 億円）の4つの

市場に分類される。パッケージ系では,全体の65.6％のシェアで,音楽CDが縮小しているものの,ビデオからDVDへの移行・拡大で増加している。インターネットによる流通では,音楽配信,オンラインゲーム,電子書籍等の成長,携帯電話による流通では,音楽配信市場が注目され,インターネット系,携帯電話系を合わせたネットワーク・コンテンツ系は,全体で約28％のシェアを占めている。

また,「メディア・ソフトの制作及び流通の実態調査」(総務省,2005年7月発表)で,メディア・ソフト(コンテンツ)市場(2003年)は,全体で10兆8604億円と前年と比べて,437億円増加した。また,映像系,音声系,テキスト系の3つに分けてみると,映像系で,4兆9184億円(前年比2.5％増),音声系で9317億円(前年比1.5％減),テキスト系で,5兆103億円(前年比1.2％減)で,映像系コンテンツが拡大している。また,シェアについては,映像系45.3％,音声系8.6％,テキスト系46.1％となっている。

このうち,インターネットや携帯電話のコンテンツとして流通しているものをネットワーク流通市場として捉えると,市場規模は5368億円と前年比約35％増と大幅に増加している。映像系ソフトは,1246億円と全体のシェアでは23.2％であるが,前年555億円から2.2倍に拡大している。他音声系ソフトは,1550億円(シェア28.8％),テキスト系ソフトは,2571億円と一番大きいが,オンライン・データベースが60％近く占めている。

ブロードバンド化が本格化すると,パッケージ系のコンテンツがネット流通,いわばノンパッケージ・サービスが加速していくものと予測される。映画コンテンツもブロードバンド配信される

ようになると,将来はレンタルビデオ店のサービスを代替するものとなってこよう。

4 メディア事業者を取り巻く5フォース

アメリカのマイケル・E・ポーター教授が,著書『競争の戦略』で紹介した理論に「5フォース分析」がある。これは,業界構造を分析し,企業のとるべき戦略を立案するときに用いられる,戦略思考ツールの1つである。

5フォースとは,「新規参入事業者」「(業界内の)競争事業者」「買い手の交渉力」「売り手の交渉力」「代替品の脅威」の5つの競争要因で,これらにより市場の競争状況を分析し,企業が市場で生き残るための戦略を打ち立てるものである。

この5フォースをメディア産業に置き換えてみると,たとえば放送事業者(地上波民放)でみると,「新規参入事業者」は「動画配信事業に乗り出したインターネット事業者や通信事業者」,「買い手の交渉力」は「視聴者,広告主の力」,「売り手の交渉力」は「コンテンツ・ホルダーの力」,「代替品の脅威」は,パソコン向けの無料動画配信などが当てはまる。

地上波テレビの放送事業者は,視聴率競争はあるものの,免許制度によって参入障壁が高くほかの事業者が入り込めない,いわば内輪による業界であった。

だが,これからブロードバンドが本格化していくと,動画配信がテレビ放送の代替品となり,それを行うインターネット,通信事業者とも競合関係となってくる。そして,ネット配信に限らず,多様な伝送路と受信端末から新しいサービスが生まれてくると,

ますます視聴者の選択権は拡大し，放送事業者に対して優位な立場となってくる。一方，スポーツ放映権にみられるように，競合事業者が増えていくと，コンテンツ・ホルダーの立場も優位となり，キラーコンテンツの獲得競争は激化し，コンテンツの高騰を招くことになる。

また，現在苦境に立っている音楽業界，レコード会社も状況は同様である。

「新規参入事業者」は，アップルというコンピュータ会社，CDに対しての「代替品の脅威」は，iTMSという有料音楽配信サービス，それに音楽利用者の変化（パッケージからダウンロード購入）といったように，パッケージ販売からネット流通への流れがコンテンツ市場をさらに大きく変える要因となっている。

このようにみると，既存メディア事業者にとっては，どれも厳しいビジネス環境に向かうことは確かである。外部競争要因の4つが揃って脅威となってくるわけであるが，脅威を排除しようと，従来のビジネスに固執するばかりでは，その事業者にとっての成長，発展は望めない。パソコンや携帯電話向けのブロードバンドによるコンテンツ流通などを脅威ではなく，新しいビジネスチャ

図0-3 メディア事業者における5フォース
(放送事業者のケース)

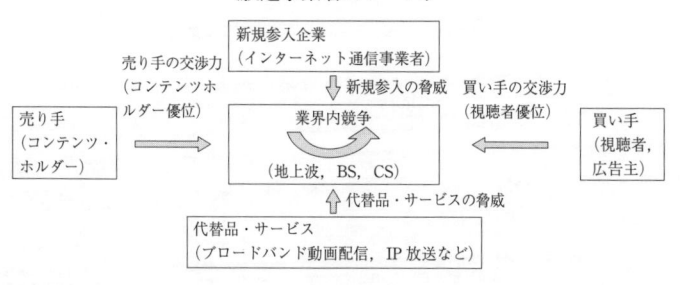

```
                    新規参入企業
       売り手の交渉力  (インターネット通信事業者)     買い手の交渉力
       (コンテンツホ    ↓新規参入の脅威             (視聴者優位)
       ルダー優位)
 売り手 ⇒          業界内競争          ⇐   買い手
 (コンテンツ・                                  (視聴者，
  ホルダー)        (地上波，BS，CS)              広告主)
                    ↑代替品・サービスの脅威
                  代替品・サービス
                  (ブロードバンド動画配信，IP放送など)
```

ンス(機会)として取り込むことが既存メディアに求められる大きな課題である。

　今後,とくにブロードバンドによるコンテンツ配信の本格化,拡大は,広くメディア産業の市場全体に大きな影響を与え,既存メディア事業者に対しては,旧来の枠に捉われない,新しいメディアビジネスの構築,変革が迫られている。

　このようなメディア産業の枠組みの変化を捉えて,放送,通信,インターネット,新聞,出版,広告,映画,音楽といったメディア産業の実態を本書で理解し,役立てて頂ければ幸いである。

第1章

放 送

（写真提供：共同通信社）

放送のデジタル化は，CSから始まり，BS，地上波と続き，2011年7月にはすべてのテレビ放送はデジタル化される予定である。それに伴い，放送形態も多様化し，HDTV（高画質）放送，データ放送，双方向サービス，さらに携帯電話など移動体向けのワンセグ放送も登場。また，ハードディスクに番組を蓄積させ，好きなときに視聴者が再生してみるサーバ型放送も近い将来実現される。
一方，通信インフラのブロードバンド化により，テレビ放送の伝送路は，電波だけではなくなり，インターネットによる動画配信も活発化してきている。従来の放送と通信の枠組みが崩れ，コンテンツ獲得による放送事業者と通信，ネット事業者との攻防，新しいビジネスモデルの開発での両者の提携など合従連衡が続き，今日放送産業は大変化を迎えている。

1 放送産業の概況

放送産業を形成するもの　放送産業，とりわけテレビ放送は，地上波以外にBS（放送衛星），CS（通信衛星），ケーブルテレビなど伝送路（番組流通経路）の多様化により，今日実にさまざまな放送事業者が関与している。地上波テレビ放送事業者，NHK，WOWOWなどのBS放送事業者，CSを介して多種多様なチャンネルを供給しているCS放送事業者，そのCS放送事業者の有料放送の課金管理を行う放送プラットフォーム事業者（スカパー〔正式名称：スカイパーフェクト・コミュニケーションズ〕），また電波ではなく，有線で多チャンネル放送サービスを提供するケーブルテレビ事業者，さらにFTTH（光ファイバー）やADSLといったブロードバンド通信回線を利用した，新たな多チャンネル放送事業者（有線役務利用放送事業者）も登場してきている。

　放送産業市場を形成するものは，何も放送事業者ばかりではない。放送の受信端末となるテレビ受像機を生産，販売する電機メーカー，放送局から番組制作業務を請け負う制作プロダクション，民間放送の場合は，媒体セールスを行う広告会社，視聴率調査会社（ビデオリサーチ）なども放送産業に関与する事業者である。そして，もちろん視聴者も忘れるわけにはいかない。NHKや有料放送にとっては，前者は受信料，後者は視聴料という直接の財源，民間放送にとっても，直接の財源ではないが，視聴者は財源に大きな影響を与える存在である。広告収入を大きく作用する視聴率は視聴者の数によって決まるからである。一方，放送事業者

は免許事業であるため，その監督官庁である総務省も制度面において，大きな役割を担っている。

さて，ここで放送産業全体の市場規模を把握するために，まず事業収入となる財源方式から，各放送事業者を概観したい。

財源方式からみた放送事業者　事業収入となる財源方式から，放送事業者をみると，以下の4とおりに分かれる。

(1) 受信料収入　NHKの経営は，総事業収入のうち約98％を占める受信料収入によって成り立っている。受信料は，番組サービスの対価による有料放送と違って，番組視聴如何にかかわらず，受信機の設置に対して課せられるある種の負担金という性格をもつものである。ちなみに2004年度では総事業収入6854億円に対して，受信料収入は6716億円であった。また，NHKは，放送法によって，事業範囲が規定されており，新規事業を行う場合は放送法の改正が必要になり，民間放送で行われている広告放送は禁じられている。

(2) 広告収入　日本の地上波テレビ放送は，公共放送のNHKと，商業放送の民間放送の2元体制であり，前者は受信料収入，後者はスポンサー企業による広告収入に依存し，財源として棲み分けられている。民間放送は，広告収入によって経営を成り立たせているため，視聴者にとっては，無料放送で誰でも負担なく視聴できることから，多くの視聴者をもつ基幹メディアとして発達している。

NHKが全国放送事業体であるのに対して，民間放送は3大都市圏や1部を除いて原則県域放送で，放送エリアの数は32エリアとなる。ただ，免許単位でみれば，東京キー局は1ローカル局であるが，ニュース報道取材面，広告セールス面，番組流通な

1 放送産業の概況

どは東京キー局を中心に全国でネットワーク化されており，5系列に形成されている。系列ごとの放送局数は，日本テレビ系列NNNは30局，TBS系列JNNは28局，フジテレビ系列FNNは28局，テレビ朝日系列ANNは26局，テレビ東京系列TXNは6局である。また5系列に属していない放送局を独立U局と呼んでおり，その数は13局となる。現在民放連に加盟している地上波テレビ放送事業者は，全体で127社となっている。

2004年度の民間テレビ放送の営業収入は，全体では2兆3656億円で，そのうちキー局5社計は1兆2013億円と半分以上も占めていることになる。残り半分を準キー局（関西）や系列ローカル局，独立U局計122社で分け合っていることになる。ちなみにキー局の営業収入ではフジテレビが3580億円でトップである。

地上波テレビ各系列も2000年12月からBS放送事業に参入したが，BSデジタル放送事業者では，地上波同様広告収入で事業を行っている。当初1000日1000万台を目標に早期普及をめざしたが，2005年9月にようやく直接受信，ケーブルテレビ受信も併せて1000万世帯の大台に乗った。ちなみに，5系列各社の事業収入は2004年度で162億円である。

(3) 有料収入　BS放送やCS放送の大半は，電波にスクランブル（暗号化）をかけることによって，視聴契約を結び，料金を支払っている人だけにしか見られない有料放送を行っている。このような有料放送の登場によって，受信料を支払っていない人にも見られるNHKの地上波放送やBS放送の問題点が浮き彫りになったといえよう。スクランブルによる有料放送は，1991年4月より民間BS放送事業者WOWOWにより始められた。WOWOWは，アナログ，デジタル放送累計加入者数は2006年2

月時点で239万で,2004年度の事業収入は639億円となった。

一方CS放送では,放送プラットフォーム事業者(スカパー)がスクランブルによる課金管理を各放送事業者に代わって行い,代理徴収した視聴料金を手数料を引いた後,各放送事業者の契約者数に応じて配分している。そのため,CS放送事業者は,コンテンツの制作,供給に専念して契約世帯の視聴者からの有料収入を確保することができるわけである。なお,スカパー以外にケーブルテレビにもチャンネルを供給している事業者は,有料収入のほか,ケーブルテレビ局からの配信料も収入に加わる。

ケーブルテレビ事業者も地域にケーブル回線を張りめぐらせ,多チャンネル放送サービスを提供し,加入世帯から有料収入を得る事業者である。ケーブルテレビ事業者数は全国で4万2814事業者で,総営業収入は3533億円の規模となっている。

(4) 有料収入+広告収入　CS放送事業者のなかには,有料収入以外に広告収入を積極的に開拓しているところが数多くある。スカパーやデジタル放送が登場する以前から,1989年以降,主に多チャンネル型ケーブルテレビに番組供給を行っていたCS放送事業者は,視聴可能世帯はスカパーの契約者とケーブルテレビ世帯の両方である。なかには視聴可能世帯数が500万世帯の規模になるところも出てきており,マスメディアの規模ではないものの,専門チャンネルであるために,特定層をねらえる広告媒体としての評価を得ているところも出てきており,広告収入も重要な財源となってきている。

なお,ケーブルテレビに番組供給しているCS放送事業者は,配信先のケーブルテレビ局から,世帯数に応じた配信料収入も入る仕組みになっている。

表1-1 放送事業者の事業収入（2004年度）

放送事業者	総事業収入	事業収入の財源
民間テレビ放送事業者127社 （うちキー局5社）	2兆3656億円 （1兆2013億円）	広告収入（全収入の90％）
NHK （うちNHKBS）	6854億円 （1224億円）	受信料収入（98％）
ケーブルテレビ事業者	3533億円	有料収入，広告収入
CS放送事業者	2346億円	有料収入，広告収入
WOWOW	639億円	有料収入
BSデジタル5社	181億円	広告収入のみ
放送事業者収入総計	3兆7209億円	

　テレビ放送市場を収入財源別にみると，地上波民放を中心とした広告市場と，NHKによる受信料市場，それにWOWOW, CS放送事業者，ケーブルテレビの数字を積み上げた有料放送市場に分かれる。広告市場は民間テレビ放送事業者の広告収入2兆1290億円（総事業収入の90％）に，衛星メディア系（BS, CS, ケーブルテレビ）の広告収入436億円を加えた合計2兆1726億円で，受信料市場はBSも含んで6716億円，それに対して有料放送市場（WOWOW, ケーブルテレビ事業者，CS放送事業者）は，6263億円（3者の有料収入の合計）になっている。有料放送市場は，CSによるケーブルテレビ配給の開始からみると，12年近くとなるが，すでにNHK受信料収入に迫る規模に成長したことになる。

放送免許からみた放送事業者　各放送事業者を財源方式からみたが，次に免許制度面や業務上の役割から見てみたい。地上波テレビは，放送番組を電波によって送信するための設備

を所有・運用し，かつ電波に乗せるための番組コンテンツの制作・調達，編成業務を継続的に行う事業者に対して放送免許が与えられる。これをハード/ソフト一体型の放送免許とすると，CS放送によって，ハード/ソフト分離型の放送免許が導入された。これは，CS放送の送信設備を所有・運営する民間通信衛星会社と番組コンテンツを供給する事業者，それぞれに放送免許を与えるもので，前者を受託放送事業者，後者を委託放送事業者と制度的に呼んでいる。番組供給する委託放送事業者が自ら衛星を所有しなくても，受託放送事業者である衛星会社のもつ映像中継器（トランスポンダ）を借りれば，全国一波でカバーできる衛星放送が可能となる。ハード/ソフト分離型の放送免許制度のねらいは，送信設備（ハード）を所有しなくても事業に参入できる，つまり放送事業への参入障壁を低くすることである。これによって，100チャンネル規模のCSデジタル放送の立上げでは，多くのチャンネルを提供する委託放送事業者の参入を促し，多種多様な専門チャンネルの確保に結び付いた。BSアナログ放送では，NHK，WOWOWとも地上波同様ハード/ソフト一体型の放送免許であるが，BSデジタル放送では，BSを所有・運用する受託放送事業者に対して，NHK，WOWOWといった既存BS事業者も含め，民放各系列BS事業者はすべて委託放送事業者の立場である。

　CSデジタル放送では，受託放送事業者，委託放送事業者だけでは成り立たず，放送プラットフォーム事業者が有料放送ビジネスのかなめとなっている。現在スカパー1社が独占しているが，前身は1996年にCSデジタル放送を開業したパーフェクTVで，98年にJスカイBと合併してスカパーとなり，99年には競合だったディレクTVを吸収合併した経緯がある。スカパーは，有料

図1-1 多チャンネルサービスの広がり

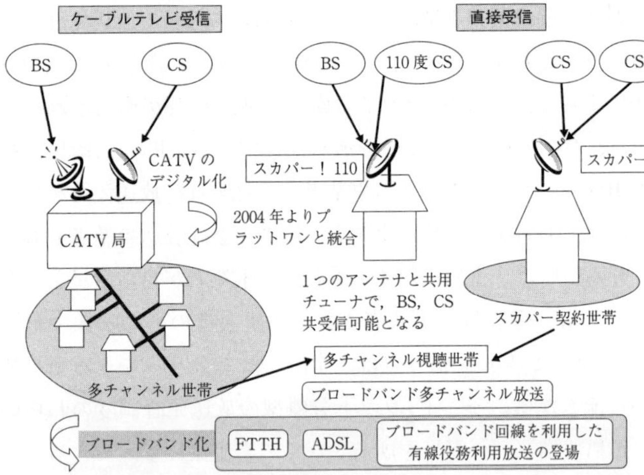

ケーブルテレビ受信

- BS
- CS
- CATVのデジタル化
- CATV局
- 多チャンネル世帯

直接受信

- BS、110度CS → スカパー！110
- 2004年よりプラットワンと統合
- 1つのアンテナと共用チューナで、BS、CS共受信可能となる
- CS、CS → スカパー！
- スカパー契約世帯
- 多チャンネル視聴世帯
- ブロードバンド多チャンネル放送

ブロードバンド化 — FTTH、ADSL：ブロードバンド回線を利用した有線役務利用放送の登場

　放送の課金管理を委託放送事業者に代わって行い，有料放送を成り立たせているビジネス基盤という意味で，放送プラットフォーム事業者と呼んでいる。ただし，放送制度上，放送免許が与えられている放送事業者ではない。流通にたとえるならば，テナント（委託放送事業者）を集めて，集客（視聴者獲得）を図るショッピングモールが放送プラットフォームといえよう。

　スカパーはケーブルテレビと違って，衛星波による多チャンネルサービスを提供していたが，最近ではCSの直接受信ができない世帯に対して，NTTからFTTH（光ファイバー）を借り受けて多チャンネルサービスを行う事業にも参入しだした。そのため，ケーブルテレビとの競合も一部で起こってきている。

　通信回線のブロードバンド化によって，放送の伝送路が新たに起こってきている。放送は電波だけのものではなく，多チャンネ

ル放送も，衛星波やケーブルテレビだけではなくなってきている。通信インフラを利用した第3の多チャンネルサービスが登場し始めた。2002年1月に施行された「電気通信役務利用放送法」によって，ケーブルテレビのように自前で伝送路を敷設せずに，すでに敷設されている第三者の通信回線（NTTのFTTHなど）を利用して多チャンネルサービスを行うことが可能となった。映像伝送が可能なブロードバンド回線はADSLとFTTHであり，前者がヤフーの行っている「BBケーブルTV」，後者は，KDDIの「光プラスTV」，NTT，ジュピタープログラミング（2006年1月よりジュピターTV）などの「オンラインTV」，スカパーの「オプティキャスト」などがある。

2 デジタル放送の進展と放送の多様化

CSデジタル放送と多チャンネル化 テレビ放送がいまアナログからデジタルへ大きく移行してきている。デジタル放送が日本で初めて行われたのは，1996年10月に開業したスカパーの前身，パーフェクTVによるCSデジタル放送からである。CSはBSと違って，本来通信を目的とした衛星であったため，放送目的の利用は認められず，当初はケーブルテレビ局向けの番組配信手段としてのみ利用されていた。その後パラボラアンテナの小型化により，一般世帯でも取付け可能となったため，CSを利用した放送サービスも制度的に認められるようになった。CSはBSと比べて，出力の関係でより多くの映像中継器（トランスポンダ）が搭載されている。アナログ放送では，トランスポンダ1本あたり1チャンネルのテレビ映像伝送が可能であることから，30

本搭載しているCSでは,30チャンネル規模の多チャンネル放送となる。さらに,CSの多チャンネル化を押し進めたのが,デジタル圧縮技術である。アナログ映像をすべて0と1の情報に置き換えて送るデジタル技術によって,映像情報を圧縮できるようになった。それによって1本のトランスポンダでアナログの場合は1チャンネル分の映像しか送れなかったものが,デジタル化によって4~6チャンネル分伝送できることになった。その結果,CSデジタル放送では,CS1基あたり100チャンネル規模の多チャンネル放送が実現されたわけである。このようなデジタル化によるチャンネル容量の飛躍的増大によって,数多くの委託放送事業者を呼び込み,多種多様な専門チャンネルが誕生することになった。

確かに専門チャンネルの誕生は,1989年以降CSによるケーブルテレビへの番組配信から起こったわけであるが,CSデジタル放送の登場によって,雑誌の専門誌のように,さらにニッチな専門特化されたチャンネルが増加している。

高画質を中心とした BSデジタル放送　CSに続いて,今度はBSによるデジタル放送が2000年12月に始まった。BSデジタル放送は,多チャンネル化の推進よりも高画質化や高機能化に向かった。また,放送事業者もNHKや民放各系列の関連会社という既存放送事業者が中心になり,チャンネル編成も一部の映画チャンネルを除いて,専門特化された編成ではなく,地上波の総合編成に近いもので,各社1チャンネルによるデジタルハイビジョンをメインとした放送を行っている。

デジタルハイビジョン放送は,一般にはHDTV (High Definition TV) と呼ばれ,従来の標準テレビと比べて,解像度は2倍

以上,縦横の比率も9:16と横長で,高精細度で迫力ある映像が楽しめる。HDTVに対して,標準画質のデジタルテレビ放送はSDTV (Standard Definition TV) といわれている。HDTVはデジタル圧縮により,1中継器の半分(ハーフトラポン)で伝送でき,SDTVでは,3チャンネル分伝送できる。NHK衛星第1,NHK衛星第2,スター・チャンネルは,SDTVで放送され,デジタルWOWOWでは,HDTVとSDTVの混合編成で放送され,SDTVの場合は,同時間帯に3つの番組を選んで見ることができる。SDTVによる3チャンネル伝送は,異なる3番組を流すほかに野球中継では3台のカメラアングルごとに,あるいはゴルフ中継では,3カ所からの同時中継といったようにスポーツ・マルチアングルやマルチスポット中継も可能となる。

また,BSデジタル放送では,データ放送,双方向型番組も放送されている。データ放送は,インターネットのような情報を提供するもので,番組内容を補完するものとテレビ番組と連動せず,独立したものとに大別される。前者では,たとえば料理番組のレシピ紹介や旅行番組での宿泊施設などに,後者では,天気予報,ショッピングガイド,イベント情報などに利用されている。BSの独立データ放送事業者は,メガポート放送,デジタル・キャスト・インターナショナル,日本データ放送など6事業者が行っていたが,競合となるインターネットの普及により経営的には逼迫し,撤退する事業者も出てきた。

元来,テレビ放送は,一方向のメディアだったが,BSデジタル放送では,テレビ番組を見ながら,リモコンのDボタンを押すと,逆L字型のスペースに番組関連情報が表示されたり,リモコンの4色のボタンによって,自宅に居ながら参加できるクイ

ズ番組など双方向を利用することも可能になった。双方向機能の利用は何も番組ばかりではなく，広告収入に依存している地上波民放系BS各社では，双方向機能を利用した視聴者からのレスポンスの把握など，マスメディアと違った，広告媒体価値の向上に努めている。

BSデジタル放送は，使用衛星の寿命から2007年には次期放送衛星BS-5に切り替わる予定である。その時点でどれくらい普及しているかが注目されるが，BSデジタル放送推進協会（BPA）の調査によると，2007年9月末で2000万世帯，2008年3月に世帯普及率50%を超えると予測している。ただ，ハイビジョンによるBSデジタル放送の認知度は高いものの，地上波にはない無料チャンネルが見られる点やその他の放送サービスについては十分理解されていないといった問題点も指摘されている。

110度CSデジタル放送にもHDTV　従来BSとCSは，衛星の軌道位置が前者は東経110度，後者は東経124度，128度と違うため，受信する際，それぞれ違った方向にパラボラアンテナを取り付ける不都合があった。それを解消するため，つまりBS放送もCS放送も同一アンテナで受信可能にするため，2000年10月CSも東経110度に打ち上げられた。これを「110度CS」と呼んでいる。

総務省はこの110度CSの認可にあたって，「高機能の放送」と「BSデジタル放送の普及に寄与する」の2点を掲げ，民放キー局系の事業者を中心に18社が参入し，2002年春以降サービスが開始された。だが，BSデジタル放送の不振も手伝って，110度CS放送事業は思うように伸びず，スカパーに対抗してできたプラットフォーム事業会社「プラットワン」は2004年3月にス

表1-2 放送のデジタル化のスケジュール

	2000 2001 2002 2003 2004 2005 2006 2007 2008 2009 2010 2011
地上波 (固定)	地上デジタル放送　　　　　　　　　　　　　　　アナログ終了 　　　　　　　3大都市圏で開始　全国放送化　　　　　デジタルへ完全移行
携帯端末向け 放送サービス	2006.4　　　2008 　　　　　　　　　　　　　　ワンセグ放送　独自番組開始 　　　　　　　　　　　　　　（サイマル）開始
サーバ型放送 サービス	2007 　　　　　　　　　　　　　　　放送予定
BS放送	次期放送衛星（BS-5）打上げ 　BSデジタル放送　　　　　　　アナログ・ハイ　すべてのBSアナログ終了 　　　　　　　　　　　　　　　ビジョン終了
CS放送	1996.CSデジタル放送開始 　　110度CS放送
放送形態の 多様化	多チャンネル化　　　　データ放送　モバイル向け放送（ワンセグ） 　　　HDTV　　　　　　双方向サービス　　　サーバ型放送

カバーと統合した。また，松下，東芝など家電メーカーが連合して立ち上げた，テレビのHDD向けの蓄積型データ放送「ep放送」も同年3月末に加入者の伸び悩みにより事業の撤退を余儀なくされた。既存放送事業者の方も一部の放送を休止したりするなど，使用周波数に空きが出てきたため，110度CS放送事業の再構築を行うなかで，蓄積型，双方向型のデータ放送といった高機能の位置づけが揺らぎ，BSデジタル放送同様HDTV放送を行う方向にシフトしてきている。すでに2004年9月から映画専門のスター・チャンネルがHDTVを始め，ジュピターTVもHDTV番組を開始する予定でいる（2006年3月現在）。110度CS放送は，衛星放送のなかでどのような位置づけにするのか，いま大きな転換期を迎えている。

地上デジタル放送で　　2003年12月より東京，大阪，名古屋地
ワンセグ放送登場　　区の3大都市圏から地上デジタル放送が
開始された。そして，2006年までには全国放送化され，2011年
7月24日をもって地上波テレビのアナログ放送は停波され，デ
ジタル放送に完全に移行する予定となっている。

現行アナログ放送では，☆VHFと☆UHFの2つの電波帯に分かれ
ているが，地上デジタル放送では，すべてUHF帯を使用し，
NHKおよび地上波民放の既存放送事業者に免許が与えられ，チ
ャンネルが割り当てられることになる。

総務省の免許方針では，サイマル放送とハイビジョン放送が義
務づけられている。具体的には固定テレビ向けの放送は1日の放
送時間のうち，2/3以上は，アナログ放送と同一の番組で，1週
間の放送時間のうち50%以上はHDTVにするよう義務づけられ
ている。

デジタル波は，アナログ放送と同じ6 MHz（メガヘルツ）の
帯域であり，デジタル圧縮により，BSデジタル放送同様HDTV
1チャンネル，SDTV 3チャンネル，データ放送などの放送サー
ビスが可能である。また，デジタル波が移動体受信に強い特性か
ら，とくに携帯電話，ノート型パソコン，カーナビなどの移動体
情報端末向けのモバイル放送としても期待が寄せられている。

地上デジタル放送では，1局に割り当てられた帯域は，セグメ

☆VHF
VHF（very high frequency）は超短波帯（30〜300 MHz）の周波数の
電波。

☆UHF
UHF（ultra high frequency）は極超短波帯（300 MHz〜3 GHz）の周
波数の電波。

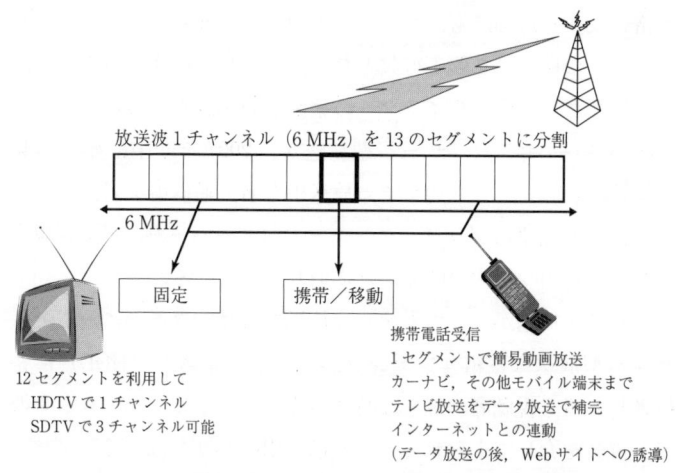

図1-2 ワンセグ放送の仕組み

放送波1チャンネル（6 MHz）を13のセグメントに分割

6 MHz

固定　　携帯／移動

12セグメントを利用して
HDTVで1チャンネル
SDTVで3チャンネル可能

携帯電話受信
1セグメントで簡易動画放送
カーナビ，その他モバイル端末まで
テレビ放送をデータ放送で補完
インターネットとの連動
（データ放送の後，Webサイトへの誘導）

ントという単位で分けられ，すべて使用すると13セグメントとなる。HDTVやデータ放送などで12セグメント使用され，残り1セグメントが携帯電話などの移動体用の放送として利用される。この1セグメントを利用した放送ということで，「ワンセグ」と命名され，2006年4月から3大都市圏および一部のローカル局で放送が開始される。

ワンセグ放送も，当面番組については，サイマル放送となるため，通常のテレビ放送と同一の番組が流れる。しかし，テレビ放送をただ流すだけでなく，携帯電話の画面上半分で放送画面，下半分では放送番組を補完するためのデータ放送画面が表示され，データ画面から，放送局の自社サイトへ視聴者を誘導することも可能になる。外出時でのテレビ視聴の機会も出てくることから，テレビの新しい広告市場として期待されているため，各放送事業者はサイマル放送ではなく，独自番組を編成して放送できるよう

働きかけている。地上デジタル放送受信用のテレビ付携帯電話が本格普及するためにも，コンテンツ面や端末面のほかに，サービスエリアの拡大は必要不可欠となり，テレビ送信施設（タワー，中継局など）といったインフラの整備が急がれるところである。

HDD向けのサーバ型放送 　サーバ型放送が，2007年度中に始まる見通しで，放送事業者，通信事業者，メーカーなどが参加するプロジェクトチーム（サーバーP）が関連規格の統一や専用受信機の開発などに取り組んでいる。

モバイル放送がどこでもテレビ放送を視聴できるのに対して，サーバ型放送は番組コンテンツがハードディスク（HDD）に蓄積された後，視聴者の好きな時に再生して見ることができるもので，電波を介して送られてくる放送番組ばかりではなく，ブロードバンド・インターネットから配信される映像コンテンツも蓄積・再生される。

いまやDVDレコーダーの普及により，搭載されているHDDにテレビ番組を録画する視聴者も増えてきている。

サーバ型放送はリアルタイム視聴ではなく，HDDに自動録画されたコンテンツを視聴者の都合に合わせて見るものだが，コンテンツの提供形態としては，①番組連動型と②専用番組型がある。前者は，通常のリアルタイム放送を蓄積用のコンテンツとして送信する形態で，視聴者が蓄積されたコンテンツを，メタデータ（番組名，シーン名，出演者名などの番組関連情報）をもとに，個々の視聴者の好みに合ったように編集加工して再生することも可能になってくる。この形態のサービスとしては，スポーツのハイライトシーンを集めたシーン視聴，ニュースのダイジェスト視聴など視聴者の個別ニーズに応じたカスタマイズ視聴が可能にな

ってくる。

　後者の方は，たとえば映画のようなコンテンツを電波で視聴者側のHDDに蓄積し，それを一定の期間内（1日～1週間程度）に有料で視聴できたり，セルDVDのようにDVDレコーダーでパッケージに保存していつでも再生できたり，レンタルビデオのような形態のサービスが想定される。

　サーバ型放送は，NHKやWOWOWのような受信料や有料収入に依存している放送事業者が積極的であるのに対して，広告収入に依存している民間放送事業者は，HDD録画再生時にCMがスキップされることを懸念して消極的となっている。

3　放送コンテンツの制作と流通

テレビネットワークの番組流通　　民間放送は，NHKと違って，原則として県域を放送の単位としているため，全国放送を行うためには，全国規模のネットワーク化が必要になってくる。東京キー局を中心に各系列ネットワークが形成されており，各ローカル局は，それぞれの系列ネットワークに入ることによって，番組編成の大半はキー局からのネット番組で占められている。

　ローカル局の自主制作比率をみると，キー局の90％以上に対して，半数近くは10％未満で，しかも後述するアメリカのようなシンジケーション・ルートによる番組購入もないため，外部からは，ほぼ100％でキー局の番組供給に頼ることになる。それだけ，欧米と比べてもキー局と系列ローカル局との結びつきは密接な関係となっている。しかも，広告セールスについても，ネット番組の多くはキー局の方で全国スポンサーに一括セールスする場

合が多い。スポンサーから入ってくる番組提供料のうち,広告会社への手数料(コミッション),番組制作費を除いた電波料は一定の比率で各系列局へ配分される。番組さえ受け入れれば,キー局からネットワーク配分金も入ってくる。

ローカル局は,系列関係によって,キー局から送られてくる全国番組を受け入れることによって大方の番組編成が埋まり,しかもスポンサーからの広告収入も入るため,自らローカル番組を開発するより,東京キー局の番組を受けていた方が,無駄な出費がなく,効率的な経営ができたわけである。

キー局にとっても,系列各ローカル局にネット番組が供給できるからこそ,全国メディアとなり,全国スポンサーから多額の広告料(番組提供料)が得られるわけである。ゴールデンタイムの番組では,1クール提供で何十億の金額となるため,複数社が提供スポンサーになるのが通例である。キー局にとってもマスメディアとしてネットワークを維持していくためには,ローカル局は欠かせない存在であることは否定できない。

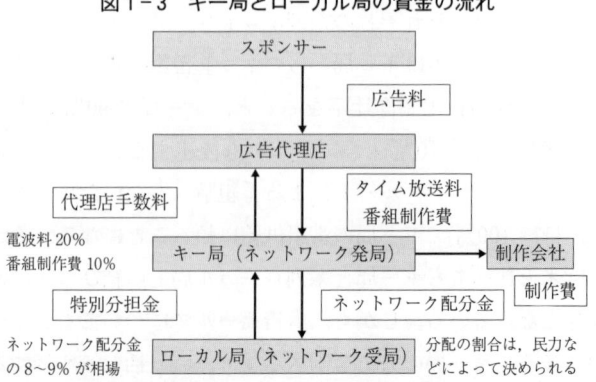

図1-3 キー局とローカル局の資金の流れ

```
                    スポンサー
                        ↓ 広告料
                    広告代理店
        代理店手数料  ↑↓  タイム放送料
                          番組制作費
電波料20%
番組制作費10%   キー局(ネットワーク発局) → 制作会社
        特別分担金  ↑↓  ネットワーク配分金     制作費
ネットワーク配分金                          分配の割合は,民力な
の8~9%が相場  ローカル局(ネットワーク受局)  どによって決められる
```

だが，今後キー局の全国ネットワーク化の手段が地上波による系列ネットワークばかりでなく，衛星放送やブロードバンド回線等の普及によって，それらが有効な番組流通手段となれば，キー局の番組編成の一部が他のメディアに移行していく場合も想定される。ローカル局にとっては，将来キー局の番組比率が低下することを前提に，いまから自主制作比率を高めるべく，ローカル番組およびスポンサー開発やキー局以外からの番組調達ルートの確保などの対応，いわばキー局からの自立が急務となってきている。

アメリカのシンジケーション　アメリカでは，オンエア後のネットワーク番組などを流通させる，シンジケーションと呼ばれる，番組流通市場がある。

アメリカにおけるテレビ番組のシンジケーションでは，文字どおりテレビ番組の流通が行われている。そこでは，4大ネットワーク（ABC，CBS，NBC，FOX）が過去にプライムタイムで放送したシリーズ番組の再放送であるオフネットワーク・シンジケーション番組や，ネットワークでは放送されていない新作番組であるファーストラン・シンジケーション番組のセールスが活発に行われている。日本では，系列ネットワーク内だけで番組が流通しているといってもよいが，アメリカでは，ネットワークとシンジケーションの2つの流通ルートが存在しているわけだ。

自主制作比率を向上させるという選択肢もあるが，ヒットするかどうかわからない番組を新たに制作するリスクを負うよりも，シンジケーションで番組購入した方が得策とみている。

ネットワークの加盟局にとっても，シンジケーションの存在は無視できないものとなっている。加盟局の場合には，1日のうち約70％がネットワーク番組，約20％がシンジケーション番組，

約10％が自主制作のローカル番組となっているが，最近の傾向としてはシンジケーション番組の占める割合が増加しつつあるようである。

このように，アメリカではシンジケーションによってテレビネットワーク以外に番組流通市場が確立されているわけであるが，ここで，注目したいのはシンジケーション・ビジネスの特徴でもあるバータ・シンジケーションである。

通常シンジケーターは，テレビ番組販売の仲介業者であるが，売り手から番組の放映権を獲得し，それを買い手であるローカル局などに売る際，現金で取引が行われる。これに対して，バータ・シンジケーションは，番組購入費が潤沢にない，ローカル局（とくに独立局）に対して，放映権料とその番組のCM枠をバータ（交換）取引するものである。通常は購入した番組内のCM枠を，購入した局がローカル・セールスするわけであるが，必ずしもCMが完売するものではない。へたをすると，ローカル局にとっては番組購入費をCMセールスでカバーできず，赤字が生じる場合も出てくる。そこで，シンジケーターは，各市場のローカル局と個別に交渉する際，スポンサーにセールスするCM枠を確保し，ローカル局にとってみれば，それによってCM枠分値引きされ，番組放送権料の負担が軽減されることになる。つまり，シンジケーターは，販売可能な放送局のCM枠を確保することによって，これをスポンサーに一括セールスし，広告収入によりビジネスを成り立たせている。通常のネットワーク以外にバータによるネットワークが形成されているわけで，バータ・ネットワークによる広告費は4大ネットワークの番組広告費の2割にも及んでいる。

図1-4 バータ・シンジケーションの仕組み

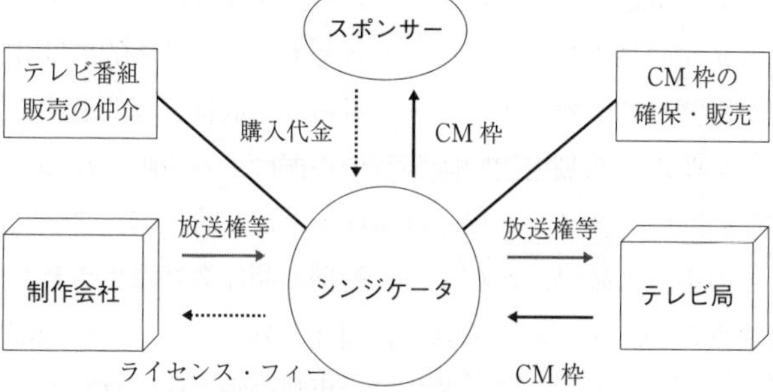

```
              スポンサー
テレビ番組                    CM枠の
販売の仲介   購入代金  ↑ CM枠  確保・販売
        ＼           ／
   放送権等        放送権等
制作会社 →  シンジケータ  ← テレビ局
        ┈┈┈┈        ┈┈┈┈
   ライセンス・フィー      CM枠
```

　バータ・シンジケーションは、番組のCMを全枠買い取る場合と、一部買い取る場合とがあり、前者をフルバーター、後者をキャッシュ&バータといっている。いずれにせよ、買い手である放送局は無料もしくは安価に番組を購入できるわけだ。シンジケーターは番組を売りたい事業者と番組を購入したい局のあいだに入って利ざやを稼ぐわけであるが、バータ・シンジケーションはローカル局の負担を軽減させ、番組流通を活性化させたものとして、優れたビジネスモデルといえよう。

放送局と番組制作会社　東京キー局が系列ローカル局向けに制作している番組は、実際は多くの制作プロダクションの手を借りることによって成り立っている。これは、広告会社にとって、CM制作上CM撮影の現場では外部のCMプロダクションがなくてはならない存在であるのと同様に、放送番組の制作上、番組制作会社は、キー局の手足となっている存在である。

　自主制作比率が90％以上の在京キー局においても、ゴールデンタイムの時間帯（19～22時）の約7割は外部制作会社が関与

しているのが実態である。

そもそも番組制作会社は,テレビの急速な普及によるテレビ局の外部発注の高まりから起こってきたもので,具体的には3つの要因が影響している。①ニュース番組など取材を専門とする制作会社の必要性,②劇場用映画興行の不振による映画会社のテレビ制作への進出,③テレビ局では制作できない時代劇,アニメ,特撮などの番組の確保,が相まって初期の制作会社は生まれた。劇場用映画系列,テレビ局系列,新聞社系列(ニュース映画部門),大手広告会社などで,アニメでは,東映動画,虫プロなど,特撮では円谷プロなどがあった。その後テレビ局の合理化に伴う制作分離が進むことによって,1970年代には,テレビ局内の制約や方針に飽きたらず,自由な場を求めて独立したディレクターたちが立ち上げた「テレビマンユニオン」が契機となり,「テレパック」「IVS制作」「イースト」など次々とテレビ関係者による番組制作会社が誕生した。

現在番組制作会社の数は,正確にその数を把握することは困難であるが,全国で1400近くあるといわれ,そのうち半数は東京に集中している。番組全般の制作を請け負うことができる,総合制作会社の数は少なく,ドラマ,ドキュメンタリー,情報などジャンルごとに専門特化された制作会社,イベント,企業ビデオ制作,広告,タレント事務所などの事業と兼業している小規模なところが数多くある。

総務省「通信関連業実態調査」(2005〔平成17〕年1月実施)のなかの放送番組事業の事業者構成をみると,資本金では3000万円未満の事業者が全体の71.1%,売上高では10億円未満の事業者が全体の74.2%,従業者50人未満の事業者が全体の77.3%

と中小規模の事業者が多く占めているのが裏づけられる。また，東京キー局の売上高1000億〜3000億円の規模に比べて，番組制作会社の売上高は1社平均10億円強と2桁も規模が小さい。

キー局は，テレビというビッグビジネスを生み出すマスメディア，コンテンツ（放送番組）を乗せる，限られた編成枠をもっていることから，自ずと番組制作会社に対して優位な立場に立っている。一方，番組制作会社は，キー局から番組企画や制作などの発注を受ける立場から受注競争は激しく，そのようななかで，低い受注単価で請け負ったり，番組の著作権の所在や二次利用権の制約などで不利な立場になっている。

こうした業界の弱い立場を改善していく目的で，1982年に当時代表的な番組制作会社21社によって「全日本テレビ番組製作者連盟」（ATP）が設立され，73社（正会員，2005年11月現在）が加盟している。放送局と番組制作会社の間では，いまだ前近代的なビジネスが残存しており，番組制作会社の制作見積もりの不明確さ，一部口頭契約の慣行，放送事業者が窓口管理業務（窓口権）を保有する際に二次利用権などの利用条件が不明確，など多くの課題を抱えている。

テレビ番組のブロードバンド配信　テレビ局にとって，ブロードバンドという新たな番組流通の伝送路は，無視できない存在となってきた。地上波テレビは元来，地上波以外の他メディアに番組を流通させることを前提に権利処理されていない，ワンユースのコンテンツである。そのため，ネット上に番組を流通させるためには，新たな権利処理が必要となるため，著作権関連の権利者とのルールづくりが求められていた。

2005年3月日本経団連ブロードバンドコンテンツ流通研究会

から，業界初のテレビ番組をBB（ブロードバンド）配信するための暫定料率が発表された。同研究会は，民間放送連盟，NHK，ATPなど利用者9団体と日本文藝家協会，日本脚本家連盟，日本音楽著作権協会（JASRAC）など権利者6団体，計15団体が一堂に集まり，協議を重ねて1年間の暫定とはいえ，著作権処理のルールづくりに着手したことは意義深い。

ただし，暫定料率の対象となる番組は，放送局が自社内で制作するテレビドラマに限り，BB配信の方式も，ストリーミング方式に限定されたものである。また，権利者6団体に所属していない権利者に対しては，暫定料率を適用できないため，多くのテレビ番組をBB配信に促すための本格的な整備には至っていない，まだ，ほんの入り口にすぎないのが実態である。

しかし，2005年4月からUSENがGyaO（ギャオ）という名称で始めたパソコン向け無料テレビ放送が瞬く間に登録者数を伸ばし（2006年3月現在で登録者数820万人），成功したことから，テレビ各局も遅れを取るまいと，相次いで動画配信事業に積極的に取り組み始めた。

日本テレビは，2005年10月より動画配信事業として，インターネット接続事業者（ISP）経由ではなく，サイト運営，会員登録，課金など自前でネット上に「第2日本テレビ」を立ち上げた。コンテンツもテレビと違ったネットの媒体特性やユーザー層を考慮して，3～15分程度の独自番組を制作して配信している。そのほか，キー局の動画配信サービスは，TBSの「TBS Boo Bo BOX」，フジテレビの「フジテレビ ON Demand」などがあげられる。

インターネット事業会社のなかでも，ソフトバンクとヤフーが

図1-5 放送・通信の融合

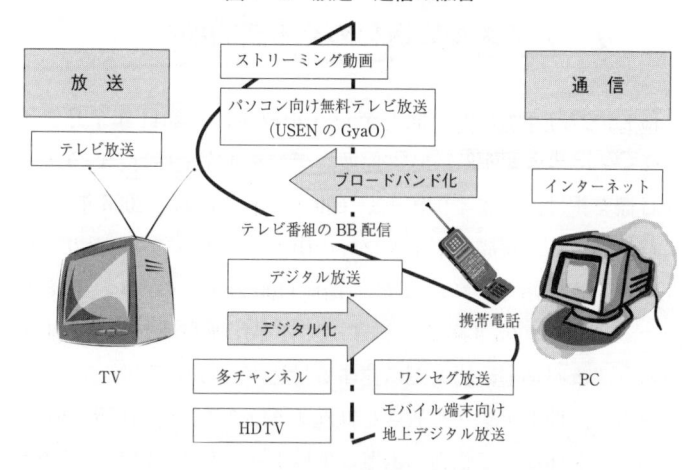

- 放送
  - テレビ放送
  - ストリーミング動画
  - パソコン向け無料テレビ放送（USENのGyaO）
  - ブロードバンド化
  - テレビ番組のBB配信
  - デジタル放送
  - デジタル化
  - 多チャンネル
  - HDTV
  - ワンセグ放送（モバイル端末向け地上デジタル放送）
  - 携帯電話
- 通信
  - インターネット
- TV / PC

共同出資で設立した「TVバンク」の動向が注目される。アメリカ大リーグ映像の独占ネット配信権を筆頭に約3万本の提携番組を確保し、2006年春から本放送を開始する予定でいる。ほかの動画配信事業と一味違うのは、自前で集めた動画番組ばかりでなく、インターネット上で公開された動画コンテンツを検索機能によって自社サイト経由でみせたり、個人が制作した映像をネットで投稿させ配信する機能も備えたり、動画配信の新たなポータルサイトをめざしている。

高いコンテンツ制作能力をもつテレビ局にとっても、放送事業者のみならず、インターネット・ビジネスを熟知しているネット事業者もBB配信事業に本格参入するとあって、安閑としていられなくなってきている。

4 デジタル放送をめぐる諸問題

地上デジタル普及に向けてのIP再送信問題　地上デジタル放送は，2011年7月アナログ停波，デジタル完全移行という大きな目標を掲げ，いまや国策として推進されている。2005年12月に首都圏では，親局の東京タワーの出力もフルパワーとなり，東北6県一斉開始などによって，全国4400万世帯のうち，約6割をカバーし，2006年度末にはすべての県庁所在地で受信可能となると，カバー率は約8割に達する見込みである。

一方で，地上デジタル放送を推進するうえで，受信環境や中継局のコスト面などで整備が困難な地域もあるため，ほかの伝送手段の検討が始まっている。そこで，ブロードバンドの普及により，放送する番組を伝送する手段は何も電波だけではなく，FTTH（光ファイバー）が代替手段として急浮上してきた。

情報通信審議会（総務省の諮問機関）の「地上デジタル放送の利活用の在り方と普及に向けて行政の果たすべき役割──第2次答申」（2005〔平成17〕年7月29日公表）では，デジタル難視聴を解消するために，光ファイバーを伝送路に，IP（インターネット・プロトコル）マルチキャスト技術を利用したテレビ放送の再送信，「IP再送信」を提言している。2006年中には，SDTV（標準画質）で，2008年中には，ハイビジョン品質による画像を全国で伝送できるようにすべきとしている。

ここで問題となるのは，光ファイバーによるIP伝送は，全国向けに伝送することが可能となってくるが，その場合県域単位で行われている放送番組が県外に流れる事態が生じてくる。これは，

現行の地域免許制度の根幹を揺るがすことになるため,当該放送対象地域外の視聴者に視聴されることを回避するための技術的担保が必要となってくる。つまり,IP再送信を電波の代替手段と利用するためには,電波と同様の放送エリアに限定された措置をとらなければ,地上波テレビ局の了解が得られないことになる。

また,放送品質の同一性の保持や不正流出を回避するコンテンツ保護といった技術的な側面のほかに,番組をIP網で流通させるためには権利者からの許諾が前提となるため,こうした著作権上の法制面についての検討も必要となってくる。

IP再送信での著作権上の解釈については,総務省と文化庁の間で見解が分かれている。総務省は,IP再送信を電気通信役務利用放送とみて,ケーブルテレビ同様に著作権上「有線放送」の枠内とみている。一方,文化庁は,ユーザーのリクエストに応じてサーバから映像が配信されるVOD(ビデオ・オンデマンド)サービスのような「自動公衆送信」とみなしている。前者は,放送番組で行われているブランケットと呼ばれる方式で,権利団体を通じて事後処理が認められるが,後者になると,各権利者と個別の権利処理が必要になる。権利の標準化も未整備であるうえ,その手間も負担となってくるわけである。現にIP伝送を行っているブロードバンド放送事業者は,著作権上の問題などから,地上波テレビの再送信の同意が得られていない状況である。

放送事業者の再送信の同意が得られ,IP再送信が地上デジタル放送の代替手段となるため,以上のように技術的な問題と著作権上の法整備両方を解決する必要がある。なお,地上デジタル放送の普及を強力に押し進めていくため,公的資金導入による中継局の整備や,IP送信以外の伝送路として衛星(CS)を利用した

図 1-6 RMP の仕組み

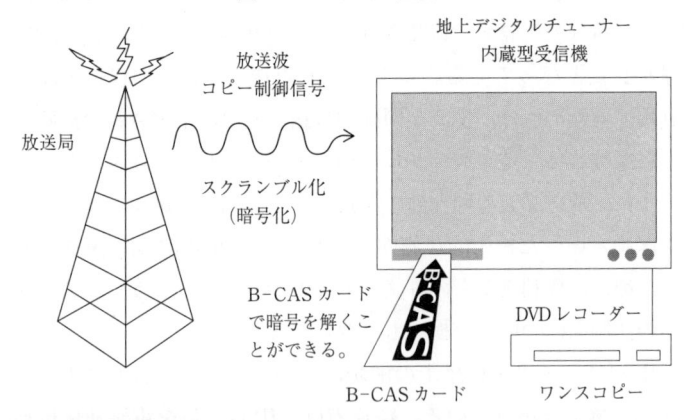

再送信も検討されている。

放送番組のコンテンツ保護問題　2003年12月より地上デジタル放送も開始されたわけであるが，デジタル放送は，アナログ放送と比べて新たなコンテンツ保護が求められてくる。デジタルでのコピーは，何度ダビングしても画質が劣化しないため，オリジナルと同等の画質を維持した複製が数多くできることになる。私的利用の範囲にとどまれば問題ないが，コピーされたテレビ番組がブロードバンド回線で流出した場合，瞬く間に不正コピーがネット上で蔓延する結果ともなりかねない。また，ネットオークションで不正売買が行われる場合も出てくる。放送番組，とりわけテレビドラマは，権利の寄木細工といわれるように，ドラマの原作者，脚本家，作詞・作曲家，実演家，俳優などによるさまざまな権利があり，それら著作権関連の権利を侵害する恐れが生じてくるわけである。

このような放送事業者の危惧，つまりテレビ番組の権利保護を

目的とした，不正コピー流出の防衛策として，すでにRMP (right management and protection) と呼ばれる技術的なコンテンツ保護方式が導入されている。具体的には，2004年4月から地上デジタル放送ならびにBSデジタル放送で，B-CASカードによる運用方式で開始されている。これは，NHK，地上波民放，BS民放といった各放送事業者が，電波にコピー制御信号と暗号化（スクランブル）を重畳して送り，ユーザー登録されたB-CASカードを挿入した受信機を前提に，「ワンスコピー」という録画の際に1回限りしかコピーできないようにしている。

現行のRMP方式，とりわけワンスコピーについては，「地上デジタル放送の利活用の在り方と普及に向けて行政の果たすべき役割（第2次答申）」（2005〔平成17〕年7月29日，情報通信審議会）などでユーザーの利便性を損ない，地上デジタル放送の普及にも影響を与えかねないと指摘されている。ワンスコピーの問題点は，放送番組をHDD録画し，それをDVDなどの記録媒体にコピーした場合，HDD内のオリジナルそのものが消滅して，記録媒体へムーブ（移動）するため，コンテンツの私的利用に基づく複製がアナログと比べて大幅に制限されることである。

これは，「視聴者の利便性」か「権利者の保護」か，どちらに軸足を置くかによって見解が分かれる。メーカー側は，ワンスコピーなど現在の運用を固定化する必然性はなく，デジタル放送の普及に障害が生じないよう，視聴者の利便性を重視した見直しを主張している。一方，放送事業者側は，コンテンツの権利者の保護の立場に立って，私的利用でもコピーの制限はすべきで，現行運用ルールの改善により，利便性の向上を図っていく方向を示唆している。

デジタル時代に向けてのNHK改革

2004年7月発覚した元NHK番組プロデューサーらによる不祥事は，その後NHK中枢の対応の拙さも相まって，経営委員会の刷新，NHK会長の辞任という事態にまで発展した。受信料による番組制作費着服事件は，公共放送としての信頼性が大きく揺らいだことになり，受信料不払世帯の増加によって，受信料収入に大きく依存しているNHKの経営に大きなダメージを与えるまでになっている。ちなみに，受信料不払い世帯は2005年11月末で約130万件にも上り，2005年度の受信料収入は，5960億円の見込みで，当初2005年度予算6478億円と比べて約500億円もの落込みとなる。

そもそも受信料制度の問題点は，有料放送のような番組の対価としてではなく，受信機の設置に対して課せられる，公共放送を維持していくためのある種の負担金という曖昧な性格をもつものである。また，有料放送のようにスクランブルをかけていないため，受信料未契約者や不払者も視聴可能で，しかもBBC（イギリス放送協会）のような罰則規定もない，いわば視聴者の善意の上に成り立っている制度であるが，支払者との間での不公平感は免れない。事実NHK受信契約総対象者約4600万件のうち，21％はそもそも未契約者で，これに支払拒否，未納，滞納者も加えると，30％近くから徴収できていないことになる。

こうした受信料制度の矛盾が露呈されたことにより，NHKスクランブル化問題が浮上している。政府の規制改革・民間解放推進会議の最終答申（2005年12月）では，受信料制度の抜本的見直しといったNHK改革の必要性を説き，2006年度早期までに結論を出すことが明記された。受信料制度の矛盾を解消する手段として，時期についての明示は見送られたものの，BSデジタル放

送や地上デジタル放送で,有料放送のように支払った世帯だけが視聴できるスクランブル化の導入を検討すべきと主張している。

一方,NHKは,スクランブル化導入には,「有料放送になれば,お金が取れる番組に偏重し,公共放送としての番組の多様性が損なわれる」として反対している。また,民間放送もNHKとの共存の上に成り立っている棲み分けが,有料放送化によって2元体制が崩れることにもなりかねないと懸念している。

2006年1月から竹中平蔵総務相による私的懇談会「通信・放送の在り方に関する懇談会」が発足され,通信・放送の融合による法体系見直しのなかで,NHK改革も論点の1つになっている。2006年6月には最終報告,同月政府の経済財政諮問会議で策定する基本方針(骨太方針2006)にも盛り込まれる予定である。

このようなNHK改革論議は,受信料制度の抜本的見直しにとどまらず,保有チャンネル数(テレビ5波,ラジオ3波)の削減,公共放送としての事業範囲の見直し,ひいては民営化など経営形態の見直しまで波及していこう。

NHK自らの改革としては,2005年に発表された「新生プラン」を踏まえて2006年度からの3カ年経営計画のなかで,①経営委員会の監督機能と説明責任の強化といった経営改革,②NHKならではの放送番組の充実・強化,③ワンセグ,サーバ型放送サービスなどデジタル技術による新サービスの推進,④組織や業務のスリム化(3年間で全職員の10%,1200人削減など),⑤受信料の公平負担に向けた施策,を盛り込んでいる。

注目されるのは,デジタル時代のNHKの在り方のなかで,デジタル時代にあっても公共放送の役割を果たすための財源として受信料はふさわしいとして受信料制度維持を標榜しているものの,

サーバ型放送といった，放送，通信融合による新サービスでは，受信料ではない，利用に応じて負担する有料方式といった受信料以外の財源の道も検討している点である。

放送・通信融合時代の放送事業者　地上波放送事業者にとって，1980年代後半から20世紀末までは，BS，CSによる多チャンネル化の時代で，事業者間の競争の場は，あくまでテレビの受像機のなかだけであった。しかし，21世紀になり，ブロードバンドの進展によって，テレビ以外に，パソコンや携帯電話でも動画サービスが可能となってきた。

つまり，従来分かれていた放送と通信の境界線が崩れ，2つの領域が重なる融合領域が生まれてきた。そこに攻め込んできたのが，成長著しいインターネット事業者であった。彼らの目には，地上波テレビ，とりわけキー局は，豊富なテレビ番組をもつ，ブロードバンド・コンテンツの宝庫であり，マスメディアとしての強力な集客力をもつポータルサイトとして魅力的な存在に映った。ライブドアや楽天が株式の時価総額をもとに，フジテレビやTBSといったキー局の経営権を掌握しようとした動きには，メディアの垣根が取り払われ，放送・通信の融合が加速されるなかでの主導権獲得のための覇権争いとみることができる。

こうしたネット事業者の侵攻に対して，放送事業者も放送とネットの融合領域に足を踏み込み始めた。放送事業者にとって，メディアビジネスの新市場となる融合領域は，ブロードバンド市場とモバイル市場である。前者ではUSENの無料パソコンテレビ放送（GyaO）の成功やヤフーの動画配信事業「TVバンク」に刺激を受け，キー局各社がこぞって動画配信サービスに本格的に乗り出してきた。また，広告会社「電通」を中心に，民放キー局

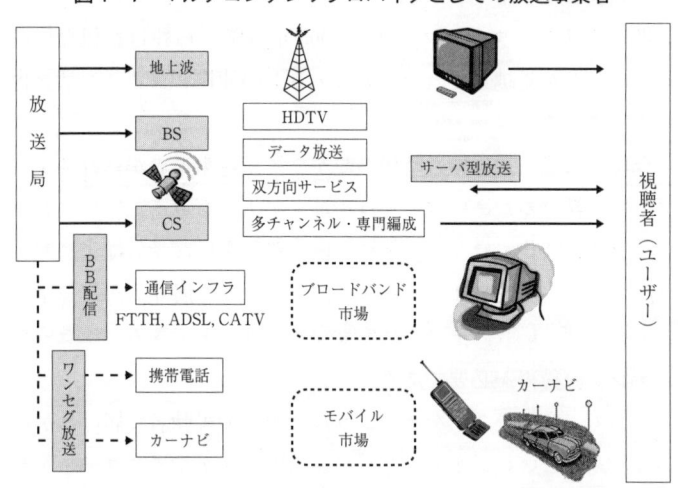

図1-7 マルチコンテンツプロバイダとしての放送事業者

5社と広告会社3社が大連合して，動画コンテンツのポータル検索事業会社「プレゼントキャスト」を設立することになった。

融合は新たな競争を促すが，一方において放送事業者と通信，ネット事業者両者の接近，つまり業務提携も起こってくる。

長年テレビというメディアだけを相手に広告という単一のビジネスに慣れ親しんでいた放送事業者にとっては，番組の伝送路にブロードバンドが加わり，端末（デバイス）としては，テレビのほか，パソコン，携帯電話などのモバイル受信端末とメディアビジネスの選択肢は広がってきている。

こうした新たな伝送路，端末を活用してビジネスを生み出すためには，単独よりも，放送事業者にとっても通信キャリア，インターネット事業者の技術力やビジネスノウハウが当然必要となってくるわけである。TBSが携帯電話向け配信会社のインデック

スと新会社を設立し，NTT ドコモがフジテレビに出資し，業務提携するなど，ワンセグ放送が 2008 年以降から独自番組を放送できることを見越して，テレビとネットの連携ビジネスも活発化してきている。

今後も放送・通信融合時代のなかで，放送事業者が基幹メディアであり続けるためには，もはや地上アナログ放送だけでコンテンツを囲む時代ではない。多様な伝送路，多様な受信端末に対して，コンテンツをマルチ供給する，コンテンツ展開力がビジネスの道を広げていき，そのためにもマルチユースできる，キラーコンテンツの獲得が必要である。

そして，コンテンツをどのような仕組みで視聴者に届けるかといった，新しいビジネスモデルを通信キャリアやインターネット事業者と連携して構築していくことも求められている課題である。

メディアがコンテンツを制す時代からコンテンツがメディアを制す時代に大きくシフトしてきている。

《参考文献》
稲田植輝［1998］,『最新放送メディア入門』社会評論社。
河本久廣［2003］,『よくわかる放送業界』日本実業出版社。
電通総研編［2006］,『情報メディア白書』ダイヤモンド社。
日経ニューメディアブックス［2004］,『詳説 通信・放送統合ビジネスの新潮流』日経 BP 社。
湯淺正敏編［2001］,『放送 vs 通信——どうなるメディア大再編』日本実業出版社。

*Column*① 2011年デジタル新タワー完成

　2003年12月から始まった地上デジタル放送は，首都圏では，1958（昭和33）年の開業以来，関東一円をカバーする高さ333mのテレビ塔，東京タワーから電波が発信されている。実は，デジタル放送になると，UHF帯の利用から電波の直進性によって，アナログよりも電波の到達距離が狭まるために，現状の放送エリアをカバーしきれない不都合が生じる。確かに地上デジタル放送を普及させていくためには電波に限らず，代替手段としては固定受信向けにケーブルテレビや光ファイバーによるIP伝送もある。

　しかし，携帯電話向けのワンセグ放送の受信環境を整備するためには，より高い位置から広範囲に電波を発信した方が，地上の中継局建設の手間やコストが省け，効率的である。

　そこで，ワンセグ放送の本格普及を推進するためにも，現在の東京タワーの倍近い600m級の新タワーを，デジタル放送へ完全移行時期である2011年7月までに完成させる必要が出てきた。過去さいたま副都心など複数の候補地によって新タワーの誘致合戦が繰り広げられ，一時は東京タワーの改造計画まで持ち出されたが，2006年3月31日NHK，在京キー局5社は墨田・台東エリアの業平・押上（なりひら・おしあげ）地区に，第2東京タワー（すみだタワー）を建設することを決めた。建設地については，東武鉄道が所有する貨物操車場跡地で，500億円をかけて建設し，各放送局が賃料を支払うことになる。これが実現すれば，隅田川近くに610mのデジタル新タワーが立ち，カナダトロントにあるCNタワー（553m）を抜いて世界一のテレビ塔となる。東京の新しい観光スポットとして集客効果も望めるわけである。

第2章

通 信

通信市場のメガトレンドは大きくいえば3つある。「固定から携帯へ」，「音声通話からインターネットへ」，そして「ナローバンドからブロードバンドへ」である。固定から携帯への変化は場所を選ばないパーソナル・コミュニケーションへの移行である。音声通話からインターネットへの変化は，送り手と受け手の時間差コミュニケーションを可能とする。ブロードバンドはすべてのコミュニケーションの一元化の可能性を切り拓く。

この章では通信産業の概要について解説するとともに，電話事業について詳細に解説する。通信産業には電話事業のほかに，インターネット事業なども含まれるが，インターネットについては次章で解説する。電話事業は，固定電話市場（市内，県内，県間，国際），携帯電話市場などのセグメントに分かれている。

1 通信市場の概況

市場規模 『情報通信白書』（平成17年版）によれば，2004年度末の電気通信事業者は1万3090社であり，そのうちの約7割（9111社）がインターネット接続サービス提供事業者（ISP：internet service provider と呼ばれる）である。電気通信事業の市場規模は1995年度の10.6兆円から2000年度の18.4兆円に1.7倍の急成長を遂げたが，その後はほぼ横ばいで，2002年度で18兆6599億円である。そのうち携帯電話市場が約8兆円を占めている。また，サービス別にみると68％が通話利用である。電気通信事業者については，通信回線設備を保有する事業者（第一種電気通信事業者）と通信回線設備を保有しない事業者（第二種電気通信事業者）とに区分されていたが，2004年の法律改正でこの区分は廃止された。

企業グループと収益構造 企業グループ別の売上高は，2003年度において，NTTが11兆955億円（含むNTTデータ），KDDIが2兆8610億円，ボーダフォンが1兆5310億円，パワードコムが1693億円，ソフトバンク（Yahoo!BB）は約1300億円となっている。NTTグループ内の収入シェアをみると，携帯が約5兆円，地域通信が約4兆円，長距離・国際が約1兆円

表 2-1 事業セグメント別の収益構造

(単位:億円)

		固定		携帯	3セグメント合計
		地域	長距離・国際		
NTT グループ	収入	40,619 (40.1%)	10,574 (10.4%)	50,226 (49.5%)	101,419
	経常利益	1,885 (13.4%)	1,130 (8.1%)	11,011 (78.5%)	14,026
KDDI グループ	収入	―	5,465 (19.4%)	22,683 (80.6%)	28,148
	営業利益	―	168 (5.8%)	2,720 (94.2%)	2,888
ボーダフォン グループ	収入	―	1,516 (9.2%)	15,041 (90.8%)	16,557
	営業利益	―	25 (1.4%)	1,823 (98.6%)	1,848

(注) ( )内はセグメントごとのグループ内シェア。
(出所) NTT, KDDI, ボーダフォン各社の2003年度事業報告書より作成。

となっているが,経常利益(約1.4兆円)の8割近くは携帯事業から得られたものである。KDDIやボーダフォンも同様な収益構造になっており,携帯電話に関する戦略がグループの生き残りにとってもっとも重要な戦略となっている(表2-1参照)。

携帯と固定の関係 図2-1に示しているように,携帯電話加入者数(含むPHS)はこの10年間で約20倍に増大し,緩やかに減少しつつある固定電話(含むISDN)の加入者数を抜いてしまった。1996年度には携帯は固定の半分以下であったが,2004年度には携帯が固定の約1.7倍となっている。売上高についても2002年度に固定電話を抜いた。一方で,無線呼出し(ポケットベル)は1995年度の1000万加入をピーク

図2-1 加入者数の推移

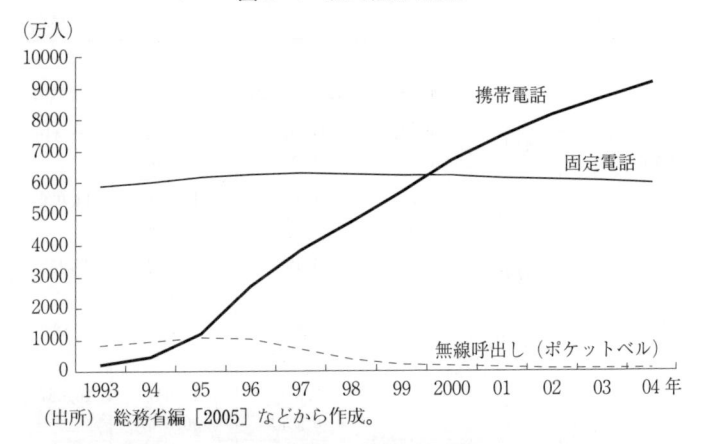

(出所) 総務省編［2005］などから作成。

に大幅に減少し，ドコモはサービスの終了を宣言した。

加入数の変化ほどは大きな変化はないが，通話の相手も変化している。発着の相手別に通話回数を比較すると，図2-2のように，1997年度には固定発固定着が76％，携帯発携帯着が8％であったが，2004年度には固定発固定着が49％，携帯発携帯着が29％とかなり変化している。加入者数のシェアの変化と比べて通話回数のシェアの変化が少ないのは携帯の1加入あたりの利用

図2-2 固定電話と携帯電話の相互通信回数

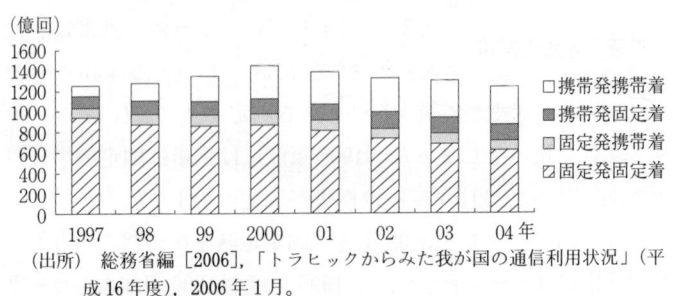

(出所) 総務省編［2006］,「トラヒックからみた我が国の通信利用状況」(平成16年度), 2006年1月。

回数が少ない（固定の半分以下）からである。

また、通話の利用時間帯や1回あたりの通話時間も固定と携帯では大きく異なる。固定の利用が一番多い時間帯は朝9時から10時と夜8時から9時である。一方携帯では、夕方5時から7時と夜の10時から11時にピークがある。携帯－携帯間の平均通話時間は92秒と短いが、固定－固定間では154秒と長くなっている。これらの差は、利用するシチュエーションや伝えるメッセージの違いに加え、課金時間の違い（携帯は数十秒単位、固定は市内が3分単位）も影響していると思われる。逆に、通話する相手の所在地でみると、携帯も固定も同一県内への通話が7～8割とほぼ同率となっている。

音声からデータへ　固定から携帯への動きに加え、音声からインターネットへの流れも顕著である。たとえば、NTT グループと KDDI グループについて収入構造の変化を見てみると、表2-2のように4年間でデータ伝送収入は金額も総収入に対する比率も大幅に増加している。インターネット接続等のニーズが増大していることに加え、通話料以外の市場の拡

表2-2　音声とデータ伝送の収入比率

(単位：億円)

		NTT グループ(電気通信事業)		KDDI グループ	
		2000 年度	2004 年度	2000 年度	2004 年度
音　声	収入 (収入比)	78,295.9 (76.6%)	73,571.7 (68.1%)	15,676.6 (68.1%)	14,051.0 (48.1%)
データ (専用も含む)	収入 (収入比)	15,343.9 (15.0%)	32,191.3 (29.8%)	2,037.6 (8.9%)	8,954.7 (30.7%)
総収入		102,234	108,059	23,011	29,200

(出所)　NTT，KDDI 各社の有価証券報告書（平成12年度および平成16年度）より作成。

大を事業者が競っているからである。携帯はデータ収入の伸び率がやや低下してきているが、固定はブロードバンド収入比率が当面はさらに伸びていくと考えられる。

2 固定電話市場

電話の歴史　1890（明治23）年12月16日に東京と横浜で電話業務が開始された。このときは電話交換手が通信先に接続するいわゆる手動交換であった。その後全国に電話の敷設を拡大するとともに、1926（大正15）年に自動交換機によるダイヤル接続が始まった。戦後の1952年には電気通信省から電電公社に業務が引き継がれ、68年には1000万加入、75年には3000万加入、81年には4000万加入に達した。自動ダイヤル接続化については、ほぼ半世紀をかけて1979年3月14日に完了した。国際電話については1953年に国際電信電話株式会社（KDD）が設立され、電電公社が国内市場をKDDが国際市場を独占する時期が続いていた。

競争の導入　現在は、国内電話市場において、日本電信電話株式会社（以下NTT）グループ、KDDIグループ、ソフトバンクグループ、パワードコムグループ、平成電電などが激しく競争している。競争が導入されたのは、電気通信事業法とNTT法が施行された1985年である。電電公社が民営化されてNTTとなるとともに、市内回線から国際通信まで全面的競争政策が導入された。まずは、長距離に3社、衛星通信に2社の参入が認められて、競争が始まった。一方、NTTの公共性を維持するため、株式については政府が3分の1以上の保有を義務づけら

れている。外資保有も当初は禁止されていたが，1992年に5分の1未満まで緩和された。

1985年に京セラ系の第二電電（DDI），JR系の日本テレコム（JT），道路公団とトヨタ系の日本高速通信（TWJ）の3社が長距離に，86年に東京通信ネットワーク（TTNet）など電力系の3社が県内通信に，87年にIDCとITJの2社が国際通信に参入した（このような競争導入後に参入した新しい通信事業者をNCC〔new common carrier〕と呼ぶことがある）。NTTの長距離電話とKDDの国際電話についてはコストを上回る料金設定となっていたことから，新規参入事業者がシェアを奪ったが，市内電話については引き続きNTTが独占的なシェアを維持していた。この時点では最安ルート選択機能（LCR☆）付きの電話機を利用者が購入し，遠距離や国際では新規参入事業者を選択し，市内などで他社が安い場合には他社を選択する形で通話が行われていた。

相互接続ルールの整備　競争は導入されたが，NTTの分割については議論が先送りされた（NTT法附則第2条で，法律施行後の5年以内に経営形態を見直すと規定されていた）ことから，NTTを分割すべきという主張も残っていた。NTTは分割を避けるため事業分野別の分社化とネットワークのオープン化を自主的に行った。まず，1988年にデータ通信本部をNTTデータとして，93年に移動体事業部をNTT移動通信網（現在はNTTドコモ）として，分社化が行われた。オープン化

☆LCR
LCRはleast cost routingの略で，通話区間や時間帯によりもっとも安い事業者を選択するLSIが電話機に組み込まれ，料金表を随時ダウンロードする仕組み。

図2-3 事業者間の相互接続

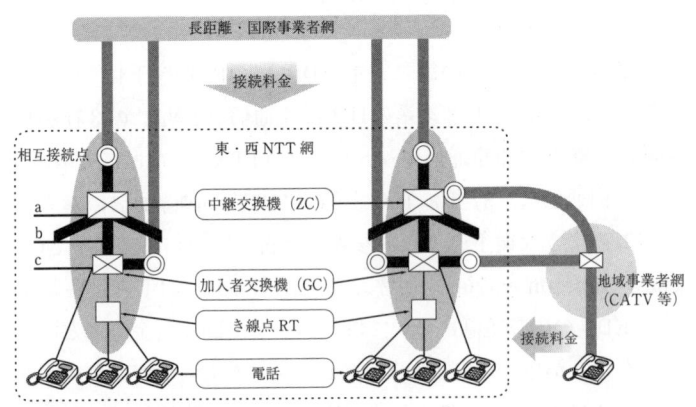

(注) ZC : Zone Center, GC : Group Center。
き線点RT : 加入者回線を多重化し,光ファイバーにより交換機に接続する装置。
(出所) 総務省編［2004］,『情報通信白書』(平成16年版)。

について1995年に発表されたが,他事業者がNTTのネットワーク機能を活用したサービス提供が行われることを目的としたものであった。

総務省はNTTの提案を発展させ,アメリカで行われているルールをベースに市内,市外,加入者回線などの接続や,接続料金の格安化を義務づけた(相互接続の義務づけ,いわゆるドミナント規制の対象は,都道府県単位のシェアで判断される。固定電話においては加入者系設備のシェアが50％以上の場合,携帯電話については加入者が25％以上の場合である)。その結果,市内の接続料金についても格安となり,長距離専業であったDDIや日本テレコムも,市内通話も含めた全区間の通話サービスの提供が可能となった(図2-3参照)。

表2-3　1995年の基本料改定

1995年3月までの料金			1995年10月からの料金			
旧区分	事務用	住宅用	新区分	加入数規模	事務用	住宅用
5級局	2350円	1550円	3級局	40万加入以上	2600円	1750円
4級局	2050円	1350円	2級局	5万から40万まで	2450円	1600円
3級局	1750円	1150円	1級局	5万未満	2300円	1450円
2級局	1450円	950円	旧1級局,旧2級局については暫定的に料金が据え置かれた。			
1級局	1150円	750円				

(出所)　NTT報道資料。

基本料の値上げ

このように通話料金の全面的な競争が始まった結果,それまでのように市外通話の黒字で基本料の赤字を補塡していくことができなくなった。そこで,1994年度で1200億円にも及んでいた基本料の赤字を解消するために,95年度には基本料金の値上げが行われた。基本料については,該当エリアの加入数規模および事務用か住宅用かなどで格差がある。表2-3にあるように,規模別の格差については5つの区分を3つの区分とし,事務用の格差は1区分あたり300円から150円に,住宅用の格差は1区分あたり200円から150円に縮小された。しかしながら,事務用と住宅用の格差は逆に拡大され,従来の600〜800円が一律850円とされた。

この結果,基本料金の赤字は解消し,1996年度には588億円の営業利益を生むことになった。しかし,コストベースの料金体系に修正できなかったことが,10年後に新たな競争の土俵を提供することになる。

NTTの再編成

さらに競争を促進したい総務省と分割を避けたいNTTとのあいだで1998年に妥協案が成立し,翌年には通信事業を2つの地域会社(東日本と西日本)と長

距離・国際通信会社，および持株会社に「再編成」し，ドコモも持株会社の傘下となった。再編成にあたっての基本的な考え方は，①NTT 東・西の基本サービスについては引き続き市場支配力のある会社として規制する，②NTT 東・西はあまねく全国にサービスを提供する（いわゆるユニバーサル・サービス義務を負う），③NTT 東・西は，県内通信のみ提供できる，④NTT コミュニケーションは県間に加え国際通信も提供できる，⑤NTT コミュニケーションは市場支配力のある会社とはみなさない，⑥NTT グループの研究開発力を維持することおよびグループの統括のため持株会社を設置する，というものだ。NTT グループにとってはデメリットもある再編成であったが，念願の国際通信市場への進出が可能になるというメリットもあった。

マイライン導入　2001 年からはマイライン（事前登録制）による競争が始まった。それまでは，新規参入の事業者のサービスを利用するためには，4 桁の事業者識別番号（たとえば，第二電電の 0077 や日本テレコムの 0088）をダイヤ

図 2-4　マイラインの登録数シェア（2006 年 1 月）

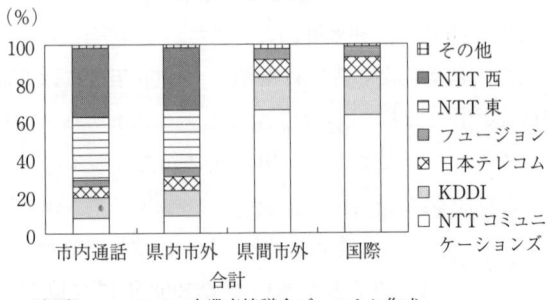

(出所)　マイライン事業者協議会データより作成
（http://www.myline.org/）。

ルする必要があった(一般には電話機に事業者識別番号を自動的に付与する機能が組み込まれており,利用者が直接番号の長さの不便さを意識していなかったと思われる)。マイラインにより国内および国際通話時における事業者識別番号のダイヤルは不要となり番号桁数の同一化が実現した。

2006年1月時点の登録者におけるシェアは(図2-4参照),①市内:NTT東西が約7割,他社が約3割,②県内市外:NTT東西が約65%で他社が35%,③県間:NTTコミュニケーションが約65%,他社が約35%,④国際:NTTコミュニケーションが約60%,他社が約40%となっている。ただし,事前登録は義務づけではないため,必ずしも全員が行っているわけではない。市内および県内市外については約8割の加入者がマイライン登録をしているが,県間では約7割,国際では約6割しかマイライン登録されていない。

一方,通話回数のシェアでみると若干マイライン登録数シェアとは異なった動きをしている(図2-5)。1999年度から2004年

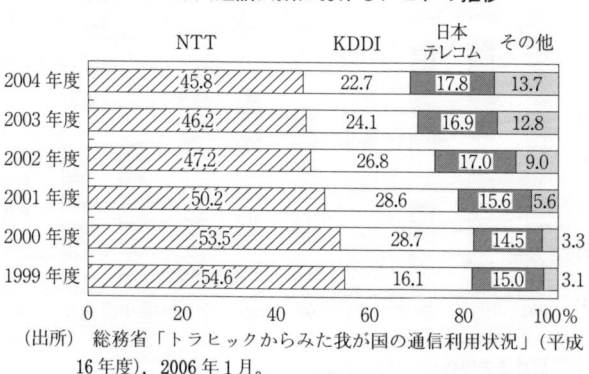

図2-5　県間通話回数におけるシェアの推移

	NTT	KDDI	日本テレコム	その他
2004年度	45.8	22.7	17.8	13.7
2003年度	46.2	24.1	16.9	12.8
2002年度	47.2	26.8	17.0	9.0
2001年度	50.2	28.6	15.6	5.6
2000年度	53.5	28.7	14.5	3.3
1999年度	54.6	16.1	15.0	3.1

(出所)　総務省「トラヒックからみた我が国の通信利用状況」(平成16年度),2006年1月。

度の6年間のシェアの推移をみると，NTT地域会社のシェア（市内や県内）が低下する一方で，NTTコミュニケーションの県間および国際のシェアが高まった。長距離通信においてはNTTのシェアは54.6％から45.8％に低下，県内通信においては89.1％から55.3％に低下している。

国際通信については，従来はドミナントであったKDDIのシェアが65.8％から38.5％に低下しており，競争が急速に進展している。

加入電話・ISDNの推移　通話料収入の推移（図2-6）をみると，1994年度の2兆7500億円から2003年度の1兆2900億円に53％減少している。また内訳としては，市内が4866億円で36％減少，100km以内が3592億円で60％減少，100km超が3903億円で64％の減少となっている。通話料収入だけでは経営が成り立たなくなりつつあるわけである。

市場規模の縮小の原因は大きくいえば通話料金の値下げと通話

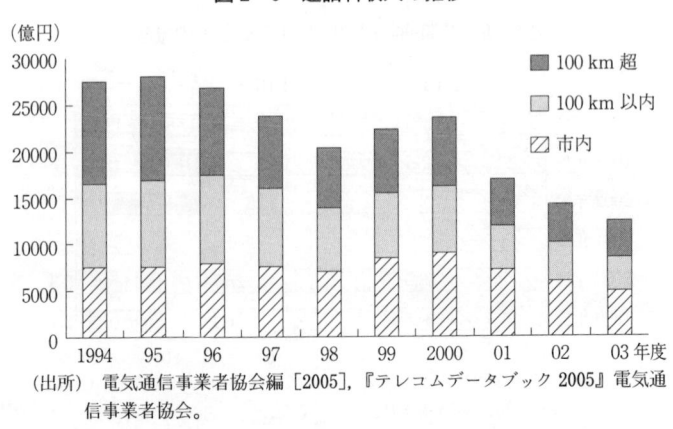

図2-6　通話料収入の推移

(出所)　電気通信事業者協会編［2005］,『テレコムデータブック2005』電気通信事業者協会。

図 2-7 1時間あたり収入

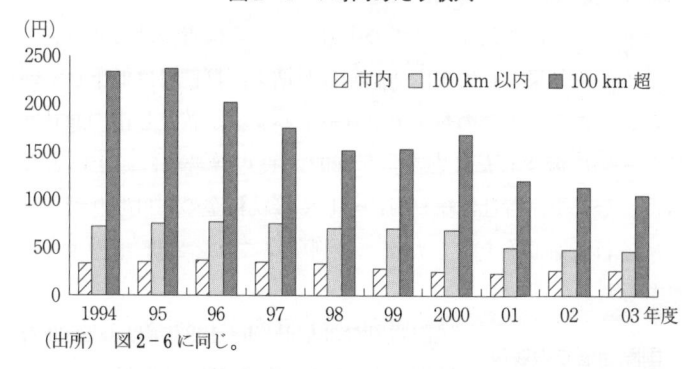

(円)

(出所) 図 2-6 に同じ。

時間の減少である。まずは料金値下げがどの程度行われたかを検証するために，1時間の通話あたりの収入で比較してみよう。

図 2-7 に示すように，市内は 10 年間で 21% 減少，100 km 以内は 34% 減少，100 km 超は 55% 減少している。競争の進展により全区間での値下げが進み，とりわけ遠距離の値下げ幅が大きいことがわかる。また，通話時間を 10 年前と比較してみると，市内では 19% 減少，100 km 以内では 39% 減少，100 km 超では 21% 減少している。

インターネットの利用が拡大するなかで ISDN☆ の加入数が急激に伸びた。ISDN というのは，電話とインターネットが同時に接続できるデジタル電話サービスである。2001 年には 1032 万加入

☆ISDN

ISDN は integrated services digital network の略で，電話網のデジタル化により，回線交換 2 チャンネル（電話または 64 kbps データ通信）と 16 kbps のパケット通信が可能である。

となり定額制☆の加入者だけでも130万加入とピークを迎えた。ブロードバンドが普及するまでの中継ぎという位置づけである。

その波及効果として市内通話回数が増え，接続料は低下していった。ところが，この数年でブロードバンドが普及し市内通話回数が大幅に減少したことから，2003年度の接続料は値上げとなった。そこで，各社は総務省に対して接続料金の認可取り消しを求める行政訴訟を起こしたが，裁判所はこれを2005年の4月に棄却した。

国際通信での競争 　国際電話の通信時間は1997年度の5500万時間から2002年度の7960万時間へ5年間で約4割の増加である。対地別には，アメリカ，中国，フィリピン，韓国，ブラジルが主要な相手国であり，5カ国で58％のシェアを占めている。政府は電気通信分野の規制緩和策の一環として，1998年には国際電信電話（KDD）法を廃止して特殊会社から完全民営化したほか，電気通信事業法の一部を改正し，認可制となっていた第一種電気通信事業者の料金を届け出制にした。もともと小さな国際通話市場であったが，料金値下げ競争により国際専業各社の経営は悪化し，1997年10月にはITJと日本テレコムが合併した。1999年9月には，イギリスのケーブル＆ワイヤレス（C＆W）が国際ディジタル通信（IDC）を子会社化しC＆WIDCとなった。また，KDDは1998年12月に長距離のTWJと合併し，さらに2000年10月にはDDIとKDDとIDOが合併しKDDI社が設立された。2004年に日本テレコムがC＆

☆定額制
2000年7月にNTTが開始したが，特定の番号（アクセスポイントなど）への接続について，使い放題のサービスである。

WIDCと合併し，国際専業の大手通信会社はすべて長距離との兼業となった。

直収電話による 　携帯電話への移行，ダイヤルアップからブロ
新たな競争 　ードバンドへの移行などにより固定電話の利用回数が急激に減少してきたため，今後の接続料の値上げが避けられない見通しとなってきた。そこで，日本テレコムの「おとくライン」，KDDIの「メタルプラス」，平成電電の「CHOKKA」など，2004年末以降，NTTの市内回線（ドライカッパーと呼ばれる空いている銅線）を直接借り受けエンド－エンドでの電話サービス提供が始まった。日本テレコムや平成電電はNTTと同様の回線交換型でサービスを提供し，KDDIはIP☆接続によってサービスの提供を行っている。

これに対抗し，NTT地域会社は，施設設置負担金を半額の3万6000円に値下げ，基本料を50円値下げ，プッシュホン料金（390円）を無料化，請求書をメール受信すれば100円値引きなどの対抗策を打ち出した。通話料については，NTT地域会社はマイラインプラス登録者を対象に，県内を市内と同一料金（3分8.5円）とするサービスを始めた。NTTコミュニケーションとKDDIは県内が3分8円，県間は3分15円という格安のサービスも提供し始めたが，日本テレコムは他社より0.1円安い料金とした。

KDDIや日本テレコムの基本料金はNTTより50円から150円

☆IP

IPとはinternet protocolの略称で，インターネット網で使われている接続手順である。インターネット網でこの手順を用いて接続する電話はIP電話と呼ばれる。

2　固定電話市場　61

安いが,一部のサービスが利用できなかったり,プロバイダーの選択ができない,などのデメリットもあり,どの程度利用者の移行が起きるのかが注目される。NTTでは2005(平成17)年度に400万以上の加入電話の減少を見込んでいるが,携帯と比べて1人あたりの支払い水準が低いため,急激な移行は起きないという見方もある。

ユニバーサル・サービス　このように全面的な競争を促進すると別の課題が発生する。NTT法第2条には,電電公社以来継続するユニバーサル・サービス(全国あまねく電話サービスを提供する)義務が規定されているからである。つまり,人口密度の低い赤字地域のサービスを維持する基金を誰がどう負担するかを明確にしなければいけなくなった。

NTTの基本料金は,過去の経緯に制約されてコストの高さと

表2-4　直収電話サービスの料金等比較

			NTT	日本テレコム	KDDI
基本料	3級局 (23エリア)	事務用	2500円	2450円	2500円
		住宅用	1700円	1600円	1600円
	2級局 (209エリア)	事務用	2400円	2300円	2500円
		住宅用	1600円	1450円	1600円
	1級局 (335エリア)	事務用	2400円	2150円	2500円
		住宅用	1600円	1450円	1600円
制約条件など			いわゆる加入権が必要。	接続できない番号あり。(0570,0180など)ADSL接続はYahoo!BB限定。	接続できない番号あり。(0570,0180など)ADSL接続はDION限定。

(出所)　NTT,日本テレコム,KDDI各社ホームページより作成。

料金の高さが逆比例となっている。具体的には、NTTの基本料金は、事務用と住宅用の差があり、また電話局の規模別に3つのランクに分けられている。住宅用利用者の負担を軽減するため、事務用は高めの料金になっている。また、加入者規模の小さいエリアの高いコストを加入者規模の大きいエリアの高めの料金から補塡する仕組みである。

競争が激しくなるのは、事務用あるいは都市部の高めの料金設定がなされているセグメントであり、そうなると今までのやり方ではユニバーサル・サービスが維持できなくなる可能性が出てきた。また、携帯電話の普及などにより急激に減少している公衆電話も問題となっている。すでに、1990年度の83.3万台をピークに、2003年度には50.3万台と約6割になったが、一定の歯止めが必要だ。そこで、2005年の10月に総務省の研究会では、もっとも高コストである4.9%の地域に対して基金から補塡することとし、各通信事業者は電話番号数に比例した拠出金を支払うことが適当であると判断された。

2種類のIP電話

IP電話には、プロバイダーが提供する「050」で始まる電話番号のものと、電話会社が提供する一般の電話番号体系のものと2種類ある。プロバイダーのIP電話は同一のプロバイダー間であれば無料で通話できるが、ほかのプロバイダーの利用者とは有料になったり、提携されていないプロバイダーの利用者とは接続ができない場合もある。また、緊急通報(110番、119番など)も接続できないため注意が必要である。電話会社が提供するIP電話は一般には光ブロードバンド利用者向けに提供されていて有料であるが、それまで使っていた電話番号がそのまま使える、緊急通報などの接続も可能

であるなどの特徴がある。NTTは，光電話の基本料金を500円と格安に設定し，ADSLからの光への移行を促進しようとしている。

IP電話と業界再編成

国際電話市場はインターネットの発展とともに急速に市場規模が縮小しており，それに追い討ちをかけるようにIP電話による値下げ圧力が強くなってきている。アメリカでは長距離大手の2社が地域会社に相次いで吸収合併される動きがある。最大手のAT&TはSBCに，第2位のMCIはVerizonに吸収合併されることが決まった。とりわけ20年前まではアメリカ全土を地域から国際まで一体的に提供していたAT&Tが，1984年に分離した子会社のSBCに吸収されるのは，通信の歴史の転換点として象徴的である。MCIも巨人AT&Tに挑んだ新規参入事業者として名を馳せた企業である。

通信技術の高度化，携帯電話の拡大，およびIP電話の普及などに伴い，伝統的な長距離電話市場が急速に縮小した結果が，これらのドラスティックな動きを生み出した。『Wall Street Journal』（ヤンキーグループ調査）によれば，長距離電話の収入は2001年に664億ドルであったものが2004年には523億ドルに減少しており，2008年にはさらに394億ドルまで縮小すると予測されている。

IP電話で世界的に有名になったのが，すでに2500万加入を誇るSkype社である。Skype加入者同士なら全世界無料で，一般の電話への接続も1分数円ですむ。今は，パソコン上でヘッドセットを付けて会話する方式だが，モトローラがSkypeのソフトをインストールした新しい携帯電話機を開発中である。

アメリカのIP電話事業者の例をいくつか示そう。Primus社は240万の加入者をもっており、国際電話かけ放題の料金プランがある。Vonage社はアメリカとカナダにかけ放題で25ドル、そして海外へも数セントの料金だ。自宅や出先の無線LANで使える100ドルの端末も販売開始した。

3 携帯電話市場

自動車電話から携帯へ　日本の携帯の歴史はNTTが1979年に自動車電話をサービス開始したことから始まる。名前のとおり、そのころは高級車の後部座席で役員が移動中に何か指示をする際などに利用されていた。したがって、圧倒的に自動車電話からの発信が多かった。保証金が10万円、電話機のレンタル料が月に3万円、そして通話料も非常に高かった。携帯電話と呼ばれるようになったのは、まだ900グラムもあったが一応片手で持てる大きさになったときである。1993年には保証金と加入料が廃止され、電話機の売切りが認められ250グラム程度になった94年ごろから普及が加速した。それから10数年で急激に成長しPHSと合わせると約9000万加入以上の利用者がいる。加入者の数でも固定電話より大幅に多いが、これは、加入電話は1世帯に1加入ですむのに対し、携帯はパーソナルなコミュニケーション手段として1世帯に複数契約が必要となってくるからである。

競争の歴史　では、携帯電話市場における競争の歴史を整理しておこう。まず、最初に競争が始まったのは1988年に東日本でトヨタ系のIDO、翌年に関西で京セラ系のセ

ルーラーの2社が参入してからである。しかしながら,実質的に全国1社であるNTTドコモに対して,料金の安さでは新規参入が勝っていたものの,サービスエリアが全国でなく,メーカーに対する購買力も限られていたことから,2社の競争力は十分ではなかった。

本格的な競争が始まったのは1994年に日本テレコム系のJフォン(当初はディジタルホン)と日産系のツーカー2社が参入し,4社間の競争となってからである。とりわけ,東海と関西における新規参入のシェアは高かった。競争の効果でもあるが,制度的にも電話機の売切り,加入料の廃止などが携帯の成長を大きく支えてきた。売切りにより販売価格が自由に設定できるようになり,販売店への報奨金を増やせば無料での加入も可能となった。また端末のバリエーションも多様化し多様な利用者ニーズに応えられるようになった。また,その後合併や買収を経て,NTTドコモ,KDDI(ブランドはauおよびツーカー),ボーダフォンの3グループ4社の競争となっている。

競争戦略の変化を振り返ってみると,1998年までは電話料金値下げ,サービスエリアの拡大,電話機の小型化・軽量化などが主であった。99年のi-mode開始から,メールやホームページ閲覧など,「かける携帯から使う携帯」への高度化が急速に進んだ。インターネット・ブームと時期的に重なっていたが,アメリカのようにパソコン利用のインターネット接続が十分普及していなかったため,若い世代ではまず携帯によるインターネット接続が大ブームとなった。その他の理由としては,パケット技術を活用した常時接続,HTML言語によるコンテンツ作成の容易さ,入力の容易さ,などがあげられる。

このように携帯電話が普及していった陰で，PHS が 1995 年度から手軽な携帯電話として発売され，97 年度には 673 万の加入者を獲得した。その後は減少が止まらず，2004 年度末には 447.6 万加入へとピーク時と比較して 33％ の減少となっている。移動通信全体に占める PHS のシェアでは，96 年度には約 30％ であったシェアが，2004 年度には約 5％ と大幅に低下している。電力系のアステルグループはほとんど撤退し 13 万加入を残すのみとなっている。また，NTT ドコモも累積赤字が 4000 億円を超える見通しであることから 2005 年 4 月末で新規受付を終了し，2007 年にはサービスを停止する方針を発表した。京セラ系のウィルコムは，さらなる高速化，通話の定額制を図り，生き残りをめざしている。

携帯電話のビジネスモデル　日本の携帯電話事業のビジネスモデルについて解説しよう。電話機の仕様や販売価格は携帯事業者が主導で決めている。まず，携帯事業者が提携メーカーに対し電話機の仕様を決めて発注し，それをすべて買い取る。販売代理店はそれを自社のリスクで買い取る。携帯事業者からは販売時およびその後一定の期間報奨金が支給されるので，販売代理店はそれを先取りして電話機の販売価格を値下げする。報奨金の平均値はドコモの場合 mova で 3 万円で FOMA は 4 万円といわれている。au は 2003 年度で 3 万 6000 円であったが，2004 年度はやや上昇して 3 万 8000 円となった。報奨金は電話機の発売後の期間や売行きによって変動するので，時期や機種によってはとんど無料になることもある。新規加入が多く見込めるあいだは格安の電話機を提供できたが，加入数の伸びが 6％ に低下していること，既存の利用者も平均 2 年半で電話機を買い換えること，

などから携帯事業者の負担余力は低下している。

　電話機の仕様やデザインまで携帯事業者がコントロールしているのは日本独特の仕組みである。事業者別に仕様が異なるため，電話機の値段は高くなるという欠点があるが，きめ細かく利用者の要望を反映できるメリットもある。世界のほかの事業者はノキアやモトローラなどのメーカーが提供する仕様にほぼ準じた電話機を購入している。世界規模で生産されるので価格は安くなるが，国別のカスタマイズが不十分という欠点がある。

　日本の携帯電話で主として利用されてきた技術はNTTが開発したPDC方式とモトローラやクアルコムなどが開発したCDMA方式である。世界的にはヨーロッパで開発されたGSMという方式が世界のほぼ8割を占めており，日本の携帯が海外で使えないことはとりわけビジネスマンにとっては不便なことであった。そこで第三世代では世界標準への乗換えを各社が進めており，ドコモとボーダフォンは，GSM方式と互換性がありヨーロッパで主流となりそうなW-CDMA方式を採用し，KDDIは，アメリカなどで主流になりそうなCDMA 2000方式を採用している。第二世代では圧倒的にGSMのシェアが高かったが，その後継技術であるW-CDMAは今のところCDMA 2000の後塵を拝している。

市場シェア　2005年末の加入者数のシェアは，NTTドコモが56％，KDDIが27％，ボーダフォンが17％となっている。しかしながら，純増加入数においては2003年および2004年の2年連続で2位のauがドコモを上回っている。auがドコモを上回った主な原因は，料金が安い，エリアのカバーも十分である，新規機能が多彩であること（着うた機能，FMラジオ受信機能，歩行者向けナビゲーション機能，放送型番組提供な

ど）である。とりわけ第三世代携帯と呼ばれる高速なデータ通信機能付きのサービスにおけるシェアは au が 6 割，ドコモが 4 割である。なお，2005 年に入ってからは，ドコモと au の純増加入数はほぼ拮抗している。

携帯電話の通話回数のシェアを比較してみると，2000 年度では NTT ドコモのシェアが 65.4％ であったが，2004 年度では 62.2％ に減少している。ただし，NTT ドコモの加入者数のシェアは 2004 年度末で 56.1％ となっているので，1 利用者あたりの通話回数では NTT ドコモが他社をやや上回っている。

携帯の多機能化はどんどん進んでおり，メガピクセルのカメラ，ビデオカメラ，TV 電話，IC レコーダー，TV 受信機能，辞書，音楽演奏機能，3D 画像，3D 音楽，HDD 付き，ウイルス対応ソフト，ゲームのプレインストールなど，どんどん進化が進んでいる。燃料電池の開発にはまだ数年間はかかるだろう。

ドコモのデータ（図 2-9 参照）をみると，固定と同様に音声からデータへの利用形態の変化が読み取れる。1 カ月あたりの支

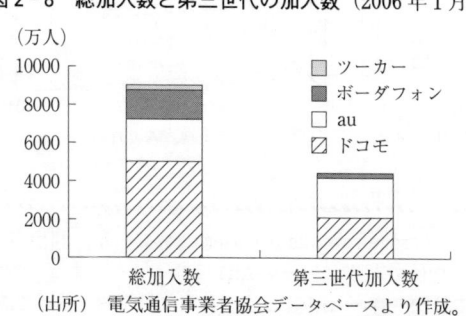

図 2-8 総加入数と第三世代の加入数（2006 年 1 月）

（出所）電気通信事業者協会データベースより作成。

払額（ARPU☆）は，通話利用が大幅に低下しているが，iモード比率の急激な上昇とともにインターネット利用が大きく伸びた。2005年度では，音声ARPUとデータARPUの比率は約3:1となっている。2005年度における総合ARPUではドコモとauがほぼ同額で7000円程度，ボーダフォンはプリペイドのお客の比率が高いので6000円程度となっている。パケット定額制の利用が増えていることから，今後もARPUは減少し，しだいに利益の確保が難しくなっていくと予想される。

周波数割当政策 携帯電話の新規参入をコントロールしているのは周波数の割当政策である。自由に設備投資が可能な固定電話と異なり，電波という希少資源を利用する権利を総務省から認められないと新規参入あるいは新規サービス・

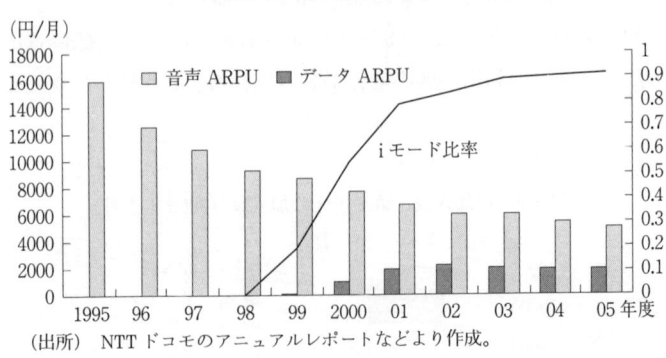

図 2-9 音声からデータへ

（出所）NTTドコモのアニュアルレポートなどより作成。

☆ARPU
ARPUとはaverage revenue per userの略であり，利用者の月ごとの支払額の平均値である。データARPUはインターネットやメール利用に対する支払額，音声ARPUは通話利用に対する支払額である。

需要への対応ができない。周波数の割当については3つの方式がある。1つは，申込みを審査して決定するいわゆるビューティ・コンテスト方式である。2つ目は，抽選方式である。3つ目は，入札（オークション）による決定である。

アメリカでは上記の3段階を経て，1994年よりオークションを導入した。ヨーロッパでも1999年ごろ次世代携帯電話向けからオークションを導入した。ちょうど携帯電話バブルの時期で期待値が大きかったことから，どんな高値でも落札すべきだという強気の応札が続き落札価格はヨーロッパ全体で数十兆円という莫大な金額になった。この影響で，落札した事業者の経営は悪化し，サービス開始の延期が続いた。

日本でも公平性の観点からオークションを導入すべきという意見もあるが，合理的な価値以上に価格が暴騰する恐れがあるため，現状の比較審査方式を継続している。周波数については，10年後には現在割り当てられている270 MHzの4～5倍の周波数が必要であると予測されており，放送で利用されている周波数帯（700 MHz）および3～5 GHz帯の割当が計画されている。どの周波数帯をどの事業者に割り当てるのか，無線LANのように免許不要で共同利用方式にするのか，などの検討課題が残る。

2005年11月には，実に12年ぶりの新規参入が3社に認められた。ソフトバンクの子会社であるBBモバイル，イー・アクセスの子会社であるイー・モバイル，そしてIIJや楽天が出資するアイピーモバイルである。アイピーモバイルが2006年の10月に，その他2社は2007年の春に，サービス開始を予定している。高速なデータ通信サービスや低廉な通話料金などが実現されることが期待される。

番号ポータビリティ　　もう1つの競争政策として2006年11月から番号ポータビリティが義務づけられる。現状では利用する携帯電話事業者を変えたいときには，電話番号も変更しなければならない。このような不便さを解決するために，利用している番号を変えずに事業者を変えられる仕組みを番号ポータビリティと呼んでいる。すでに世界の各国でも導入されているが，ほとんどシェアの変動がなかった国と大幅なシェアの変動があった国がある。

アメリカではイギリス・ボーダフォンが約50％の出資をしている第1位のVerizon Wirelessがシェアを伸ばし，ドコモが出資していた第3位のAT＆T Wirelessは第2位のCingularに買収された。また，第4位のSprint PCSが第5位のNextelを買収するなど，急速に業界再編成が進んでいる。固定と携帯のポータビリティも可能となっており，固定から携帯への移行も期待されていたが，さほど大きな動きにはなっていない。

日本の場合は，事業者ごとに利用している技術や周波数が異なり移行前に利用していた電話機を使えないこと，電話番号はそのまま利用できるがメールアドレスは変更しなければならないこと，ダウンロードした音楽やゲームの移行が困難なことなどから，どういう結果になるのか明確ではない。

シェアの高いドコモは現在の顧客の他社への移行を食い止めるため，第三世代携帯のサービス向上，普及型の電話機の開発，家族間の利用時間共有，非接触型ICカードの装備などに重点を置いている。auはエンターテインメント機能を強化する方向で，ゲーム用のポータルサイト提供，音楽ダウンロード（着うたフル），電子書籍サイト，オークション機能などを充実させている。

ボーダフォンは出遅れた第三世代携帯のラインナップを充実し,デジタルテレビ受信機能を提供する。ツーカーは,近いうちにauへの移行を完了するだろう。電話機の料金,基本料,通話料などにおける料金競争がどの程度激しくなるかはまだ定かではないが,現在,市場力のもっとも弱いボーダフォンや新規参入の数社が値下げ競争の引き金を引く可能性は高いと思われる。

メディアとしての携帯電話 携帯電話は,しばしば「ケータイ」と表記されるように,単なる電話としての機能以外にさまざまな活用がされている。最初のアプリケーションはショートメールと呼ばれる携帯−携帯間での短い文章のやりとりであった。その後他社の携帯への接続やパソコンのメールとの接続が可能となり,今では静止画像,動画,各種文書ファイルまでが添付できるようになった。利用回数でみるとメールの送受信の回数は通話利用回数よりもはるかに多い。通話と比べて料金が安いこと,必ずしもリアルタイムでなくてもコミュニケーションが成立するので,着信者の都合のよいタイミングで応答ができることなどが,その理由であろう。

ウェブへのアクセスによる情報入手や予約手続きなどもよく利用されている形態である。URLを入力すれば一般のウェブページにもアクセスは可能だが,携帯電話会社が提供しているポータル経由などでのアクセスが一般的である。サイトごとの情報料や基本料には上限が設定されているのが一般的で,料金は携帯電話会社から電話代と一緒に請求される場合が多い。高額の商品などは各取引に対してクレジットカード払いというのが一般的だが,請求書払いの機能を提供している携帯電話会社もある。各社の公式サイト数は,NTTドコモが約4400,KDDIが約3300,ボーダ

フォンが約 2600 である。

当初ダウンロードされていたコンテンツは着信メロディ，待ちうけ画面，ゲームなどであった。2001 年から KDDI が始めた楽曲の一部を着信音とする「着うた」が大ヒットし，2004 年からは楽曲をまるごとダウンロードする「着うたフル」も提供されている。着うたは 2005 年 4 月に 2 億ダウンロードを超え，着うたフルは 2005 年 9 月に 2000 万ダウンロードを超えた。

ラジオと携帯の連携機能付きの電話機は「FM ケータイ」と呼ばれているが，FM を聴取している際にウェブにアクセスすると曲名・歌手名などが表示され，その場で着うた，着うたフル，CD などを購入できる仕組みが組み込まれている。アナログテレビ放送受信機能付きの電話機もいくつか発売されているが，テレビを見ながらほかの機能を使うことが難しい，電池消費量が多い，受信できる条件が厳しいなどの欠点もあり，あまり普及は進んでいない。2006 年春には携帯向けデジタル放送の提供が予定されており，3 社がデジタル TV 受信機能付きの電話機を発売すると考えられる。

今後の携帯市場　ドコモも KDDI も第三世代携帯のさらなる高速化を進めていく計画である。高速パケットが導入されれば IP 電話も可能となり，携帯の通話料金にも固定で起きた価格破壊が起きる可能性がある。新たな周波数の割り当てで，久々に携帯電話市場に新規参入事業者が出現するため，番号ポータビリティの導入と併せて，競争は 2006 年から 2007 年にかけて激化するだろう。また，2007 年からは，第三世代携帯について，緊急通報（110 番，118 番，119 番）時の発信者の位置情報を，GPS 機能を用いて警察，消防，海上保安庁の受付台

に通知することが義務づけられる。位置情報を活用したサービスについて、現状ではauのみ提供しているが、今後は他社も新端末の普及に合わせて開発が進められると予想される。また、決済機能や乗車券としての機能も今後の普及が期待されている。すでに電子マネーのEdyを組み込んだ機種は500万台（2005年7月）を超えているが、2006年1月にJR東日本とソニー、NTTドコモの提携による「モバイルSuica」が提供されたことにより、この分野での利便性が大きく広がった。

4 通信事業の近未来

設備のオールIP化へ

　通信網のオールIP化により、設備数が大幅に減少（たとえば1000の交換機が10のルーターに置き換わる）し、メンテナンスも容易になると考えられている。イギリスのブリティッシュ・テレコム（BT）は、大手事業者ではもっとも早くIP網を完成させる計画を発表した。2008年までに交換機を撤去してすべてルーターに置き換え、加入者も2010年までに移行させる計画だ。当初はコスト高になるが5年間の累計では20％のコストダウンになると試算されている。そのIP網で、ブロードバンド・インターネット、IP電話のみならず、携帯電話もサポートしようという意欲的なプランである。KDDIは2010年までにIP化を完了させるとしており、NTTも加入者の半分にあたる3000万加入は光・IP網に収容することを2004年11月の中期計画で発表した。高度化した次世代のネットワークがどのように活用されるのかによって、通信事業者の期待どおりになるかどうかが決まってくる。いずれにしても、

通話利用が主な利用形態という前提でつくられた階層型のネットワーク設備が、フラットなインターネット網に置き換わる流れは止まらない。

ブロードバンドの付随サービスへ 通信設備のオールIP化により、従来は主役であった電話サービスがブロードバンドサービスに付随するサービスとなっていく。すでにYahoo!BBには450万以上のIP電話加入者がいるが、今後光ファイバー利用で加入電話と同じ番号が利用できるIP電話も増加していくと思われる。たとえば、NTTは光ブロードバンド加入者向けに、500円の追加料金で加入電話とほぼ同等の「ひかり電話」サービスを提供している。

KDDIも光プラスでインターネット常時接続、映像配信、IP電話のいわゆるトリプルプレイ・サービスを提供しているし、ソフトバンクも「おとくライン」と「Yahoo!BB」のIP電話を将来は統合していく計画である。

IP電話による固定と携帯の融合 また無線LANのアクセスポイントが今後増加すれば、無線LANによる低廉な通話サービスあるいは高速のアクセスサービスと既存の携帯サービスをシームレスに提供できる。また、自宅内の無線LANに接続すれば固定網経由で低廉な通話サービスも利用できる。ドコモが法人向けに無線LANと対応するPBXおよびFOMA端末を提供しており、社内ではPBX経由で内線と外線発信を、外出時にはFOMAとして利用できるが、コンセプトはそれと類似だ。

以上のように、通信事業はこれからも大きな変革が続いていくことになろう。

《参考文献》

宿南達志郎［2005］,「進化するメディア——携帯電話」『メディア・コミュニケーション』第55号, 79～97頁。

情報通信総合研究所編［2004］,『情報通信ハンドブック2005』情報通信総合研究所。

総務省編［2005］,『情報通信白書』(平成17年版), ぎょうせい。

電通総研編［2004］,『情報メディア白書2005』ダイヤモンド社。

福家秀紀［2000］,『情報通信産業の構造と規制緩和』NTT出版。

モバイル・コンテンツ・フォーラム監修［2004］,『ケータイ白書2005』インプレス。

*Column*② 日本の情報通信インフラは世界一なのか？

　総務省から 2005 年 5 月 10 日に「日本の ICT インフラに関する国際比較評価レポート」が公表された。ここでは，23 ヵ国と比較して日本の ICT インフラは世界一であると評価されている。どのような評価基準なのか調べてみると，主としてブロードバンド，携帯電話，インターネット・サーバーなどに関する 10 項目であった。第 1 位の日本で，ずば抜けて評価が高い項目はブロードバンド料金，ブロードバンド速度，3G 携帯比率，市内電話料金の 4 つである。

　しかしながら，なぜか世界一と言われても実感がないので，理由を考えてみた。たとえばブロードバンドについて 2 項目あるが，どちらも ADSL で下り（ダウンロード）の速度が速ければ高い評価になる。市内電話料金の項目では，市内定額制が一般的なアメリカが 4 位なのに，日本が 1 位と評価されているのは疑問だ。また，携帯電話についても，料金に関する評価項目を入れるべきではないだろうか。

　このレポートの評価が間違っているとは思わないが，国民や政府が世界一と自己満足して，これからの情報通信産業の発展への政策的プライオリティが低くなるのでは困る。むしろレポートの最後に書かれた課題こそが重要だ。地域間格差＝デジタル・ディバイドの解消，および情報セキュリティ対策等の信頼性の強化などに努めることがあげられているのは正しい。

　また，緊急通報時の発信者位置情報のような国民の安全に重要な機能を早期に実現する政策も重要だ。アメリカでは，警察や消防にかかった電話について，携帯電話からでも IP 電話からでも発信者の位置が通知される機能が義務づけられている。このような点も含めて，インフラ評価も多面的に実施すべきであろう。

第3章

インターネット

(写真提供:毎日新聞社)

インターネットはアメリカの研究者のコンピュータを接続する目的から始まり,今やネットワークのネットワークという位置づけに進化した。グローバルな広がりをみせるだけでなく,データ,画像,映像,そして電話までもがこのネットワークで伝送されるようになった。数多いネットワークの1つだったものが,もっとも重要な基幹ネットワークとなりつつある。マスメディアとパーソナル・メディアの融合もインターネットを軸に一気に現実化しようとしている。

1 インターネット接続サービス

インターネットの歴史

インターネット（TCP/IPという接続手順による接続網）は，軍事攻撃にも強い自立分散型のネットワークとして1969年に開発されたARPANETがその原型である。1986年には，全米科学財団による学術研究用のネットワーク基盤NSFNETが作られ，徐々に大学などの大型コンピュータとも結びつき世界中に広がりをみせた。1993年にMosaic，94年にはNetscapeというWWW☆ブラウザーが登場し，クリックするだけで世界中のデータベースにアクセスできるようになったことから，普及に勢いがつき始めた。

日本では1984年に大学間を結ぶJUNETという最初のインターネットが，東京大学の石井教授や当時東京工業大学の助手であった村井純氏らによって作られた。その後，1985年の電気通信自由化を契機に，87年にはWIDEプロジェクトが発足し，89年にはアメリカのNSFNETとの接続が行われ，92年には日本初の商用インターネットプロバイダーとしてIIJが設立された。

アメリカでインターネットが普及した理由の1つは，電話の市内定額制の存在であるといわれている。企業では専用線で接続され常時接続の環境があったが，家庭では電話回線での接続，いわゆるダイヤルアップ接続が主流であった。プロバイダーも定額制

☆WWW
WWWとはworld wide webの略称で，従来の階層構造によるデータベースへのアクセス方法ではなく，ダイレクトに世界中の欲しい情報にアクセスできるためこの名がつけられた。webとは蜘蛛の巣の意味である。

が多く，料金を気にせずに利用できる環境が整っていたのである。

逆に，従量制の電話料金しかない日本やヨーロッパでは，プロバイダーも従量制が多く，長時間利用したときの費用負担が普及を妨げる大きな要因となっていた。このような利用者の声に押されて，NTTも特定の番号に限り別契約で定額制のメニューを出した。もう1つのネックはパソコンの接続ソフトであった。当時は，インターネット接続用の高価なソフトを追加購入し，設定も複雑であったので，誰でもすぐに使える状況ではなかった。しかしながら，マイクロソフトがWindows 95にインターネット接続機能を標準装備したことによってインターネット・ブームが訪れた。64 kbpsで接続可能で，インターネットをしながら電話もできるISDNの契約者もこのころから急増した。

ダイヤルアップから常時接続へ　しかしながら，ダイヤルアップでは接続する手間がかかる，つなぎたいときには話し中が多い，速度が遅い，などの不満が多かった。そこで開発されたのが☆ADSLという方式である。ADSLは一般の加入電話で使われていない高い周波数帯を活用してデータを伝送する方式で，高速の常時接続が実現され，インターネット接続中でも電話が利用できるという特徴がある。接続速度もしだいに高速化が図られ，電話局からの距離によるが最大で50 Mbpsというアナログ電話回線の100倍近い速度が実現されている。

☆ADSL
ADSLとはasymmetric digital subscriber lineの略で，非対称デジタル加入者線と訳されている。電話回線の両端（自宅と電話局）にADSLモデムを設置し，アナログ電話とデジタル情報をまとめて送信する方式である。インターネット接続利用の特性に合わせ，上りよりも下りの速度を上げる方式である。

図3-1 ADSLの仕組み

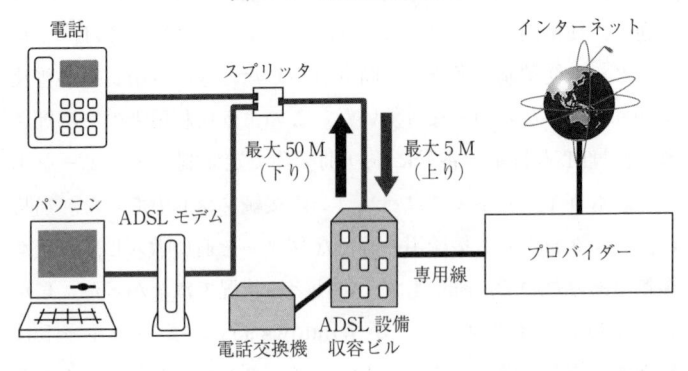

 2000年11月にとりまとめられたe-Japan戦略でも，高速接続（ADSLやCATV）と超高速接続（光）の全国的な利用可能エリアの拡大が目標設定され，ADSLとCATVと光を合わせた高速インターネット利用者は2005年9月で2141万回線に達している。1Mbpsあたりの料金では世界一安いという総務省のデータがある。

インターネット利用者数　総務省によれば，日本の利用者数は会社での利用も含めると2004年で7948万人と推計されている（図3-2参照）。

 このように急速に普及が進んだインターネットではあるが，人口あたりの普及率で比較すると日本は17位である。1位はアイスランド，2位はスウェーデン，3位はデンマークであり，アメリカは9位となっている。アジア各国では，香港が5位，韓国が7位，台湾が12位となっている。また，ブロードバンド普及率を日米韓で比較すると，2004年4月現在で，世帯普及率は韓国が63.6％（1063万），日本が32.9％（1537万），アメリカが

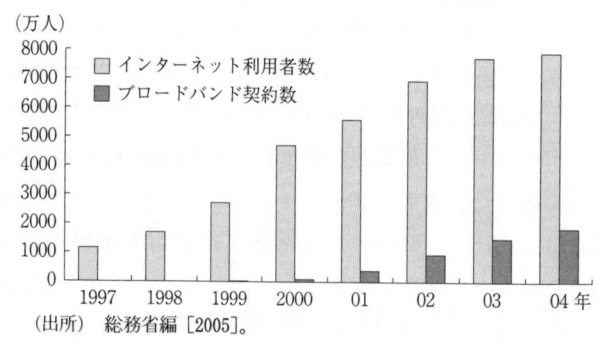

図 3-2　日本のインターネット利用者数

(出所)　総務省編［2005］。

22.2％（2136万）である。しかし，光ファイバーによるブロードバンドは日本がもっとも普及している。

「田舎にもブロードバンドを」という経営理念のもと，プロバイダー，地方自治体，住民の三方一両得のビジネスモデルを確立しつつあるユニークなプロバイダーもある。神戸市に本社を置く関西ブロードバンドである。どんな田舎でも一定の利用者が集まればサービスを開始する，その地域の利用者が増えれば接続料金の値下げで還元する，というのが特徴だ。幹線ルートは兵庫県が設置している光回線を借り受けることでコストを削減し，淡路島では小学生には接続料無料という全国初の料金で市場を開拓している。同じような形態で京都府でもサービス地域の拡大が図られている。他の地域のプロバイダーと是非連携を深めてもらいたい。

インターネット接続サービス事業　インターネット接続サービス事業には約9000社が参入している。事業分野はいくつかに分かれているが，もっとも数が多いのは利用者にメールアカウントやウェブページへの接続機能を提供する中継系のインターネット・サービス・プロバイダー（ISP）である。ISPはアク

セスポイントを提供し，顧客はダイヤルアップまたはアクセスラインでインターネットに接続することになる。ダイヤルアップのアクセスポイントは主要な都市に限られているケースが多い。すべての利用者に市内料金で接続してもらうために必要な567のアクセスポイントを，最初から提供しているのはNTTのOCNサービスであった。大手のISPにはコンピュータ・メーカー系のBIGLOBE, Nifty, So-netなどがあり，通信事業者系では，OCN, DION, ODNなどがある。ブロードバンドではYahoo! BBの加入者がもっとも多い。

常時接続型の場合，アクセスポイントは最寄りの電話局までである。このアクセスラインを中心として提供している事業者がブロードバンド・サービスの提供に重要な役割を担っている。ADSLでアクセスラインを提供しているのは，Yahoo!BB, イーアクセス，NTT東日本，NTT西日本などであるが，光ファイバーで提供しているのは，NTT東日本，NTT西日本，東京電力などの電力会社，USEN, およびYahoo!BBなどである。

会社や自宅以外の屋外でノートパソコンからインターネットに

表3-1　インターネット接続方法の比較

	回　線	速　度	接続方法	特　徴
ISDN	デジタル加入者回線	64 Kbpsが2チャンネル	呼毎	電話局からの距離に関係なく一定
ADSL	アナログ電話回線にデジタル情報を付加	下り最大50 Mbps, 上り最大5 Mbps	常時接続	電話局から離れると速度がかなり低下する
光(FTTH)	光ファイバーによるデジタル伝送	最大100 Mbps, 上りと下りは同一速度	常時接続	電話局からの距離に関係なく高速

接続するサービスプロバイダーもある。無線LANで喫茶店や空港やホテルなどをサービス提供エリアとしている。有料で提供しているのはあまり数多くない。

国内のプロバイダー間や海外との接続機能を提供する事業者はIX（internet exchange）と呼ばれ，大手のプロバイダーの出資により設立された日本インターネットエクスチェンジ社は東京を中核とし，大阪・名古屋にも接続装置を設置している。

アクセスラインの提供　インターネット接続をするためには，一般にはアクセスライン契約とプロバイダー契約の2つが必要となる。互いに代理店契約を結んでいるので，申込みはどちらか一方でよい。アクセスラインの開通には，簡単な工事とパソコン等への設定が必要である。アクセスライン事業者の数が限定的なのは，数千箇所ある電話局単位に設備投資が必要であるため，電話局エリア内の規模の経済性が利益確保の決め手となるからである。中継系のプロバイダーの場合は，全国レベルで一定の規模が確保できれば良いため，かなりの事業者が競争可能である。

ADSLの特徴は，電話用の設備に間借りする形なので，光サービス（FTTH : fiber to the home）と比べるとサービス提供地域を広げやすいというメリットがある。反面，銅線という古い設備を利用した技術であるため，速度やサービス品質のばらつきが大きい。電話局からの距離などにより速度が低下すること，下りの速度は速いが上りの速度が遅いこと，などの欠点がある。単純な情報検索やプログラムのダウンロードが多いときにはよいが，ファイル交換などを利用する場合は送信する速度が遅いので使いづらい。ヘビーユーザーはADSLから光ファイバーに移行が進み

つつある。

アクセスラインの接続サービスを提供しているのは，Yahoo! BB，NTT，イーアクセス，アッカなどである。ADSL接続契約者は1280万回線の内訳は，Yahoo!BBが35.1%，NTT東日本が20.5%，NTT西日本が16.5%，イーアクセスが13.9%，アッカが9.8%となっている。FTTHは203万回線路が利用されており，シェアの内訳はNTT東が31.1%，NTT西が28.7%，電力系が13.4%，USENが9.5%となっている。Yahoo!BBはFTTHでは後発である。ADSLではNTT2社を合計しても37%であるが，FTTHにおいてはNTT2社で約6割のシェアをもっている。CATV各社もアクセスラインを提供しており，全国の合計では258万加入である。現在は同軸ケーブルを利用しているが，今後は光ファイバーに置き換えていく方針である。

プロバイダーの提供機能　利用者がさまざまなアプリケーションソフトを使うサポートをするのがプロバイダーである。ウェブサイトの閲覧，メールの送受信，ウェブサイトの作成，掲示板やブログなどに加え，ウィルス対応などのセキュリティ機能を提供するプロバイダーも増えてきた。またポータルサイトで検索機能やリンク情報の提供が基本であるが，コンテンツ提供者と契約して，自社の契約者のみが音楽や映像をダウンロードできるような機能を提供するプロバイダーも増えている。大手では，NEC系のBIGLOBE，NTT系のOCN，富士通系のNifty，ソニー系のSo-netなどがある。これらのプロバイダーは自らダイヤルアップのアクセスポイントを設置するとともに，常時接続についてはアクセス系のプロバイダーと提携して事業を行っている。

インプレス社の『インターネット白書2005』による個人向け

のプロバイダーのランキングによると，2005年ではブロードバンド利用者がナローバンド利用者の約2倍となった。ブロードバンド・サービスでの上位は，Yahoo!BB, @nifty, OCN, DION, ぷららなどであり，ナローバンド・サービスでの上位は，ぷらら，OCN, DION, @nifty, BIGLOBEなどである。また，プロバイダーに期待する付加サービスは，ウィルスチェック，IP電話，ウェブメール，メールアカウント数，ホームページ容量などがあげられている。

インターネットと新技術　今後の高速インターネット技術として注目されているのは，電力線を利用した形態である。アメリカではすでにFCC（連邦通信委員会）が認可しており，いくつかの電力会社でサービスが提供されている。日本でも総務省の研究会で技術的な検討が開始されているが，2006年に屋内での提供開始に向けて検討が進められている。電力線利用のメリットは，複数の機器を接続する際の配線の問題がないことである。デメリットとしては，光のように安定的に高速接続が期待できないこと，船舶・航空無線との混信が懸念されることなどである。したがって，屋外の電線を利用したネット接続は今後の検討課題となっている。

また，無線LANのサービスも注目されている。喫茶店，ホテル，空港などに無線LANの基地局を設置し，ADSL等のインターネット回線と接続するものである。ノートパソコン等から高速のインターネット接続が安価にできるのが特徴である。反面，1スポットあたりの投資額が少ないので誰でも参入でき過当競争になりやすいこと，スポット数が増えるまでは，利用者が利用したいときに近くにスポットがみつからない可能性がある。無線

LANアクセス機能が組み込まれているノートパソコンが増えており，事業者も期待してエリアを拡大しているが，現時点では有料の契約者数は非常に少ない。2004年9月で6事業者合わせてもわずか7万4000である。しかし，無料で提供している事業者の利用者数はこの統計には含まれていないので実際の利用者数はかなり増加していると思われる。また，1社で3000以上のアクセスポイントを設置している事業者もあり，今後の基地局増設や相互利用の提携（ローミングと呼ばれる）などの工夫を行えば普及が進んでいく可能性がある。利用料は日ごとあるいは月ごとになっており，携帯電話による接続よりも高速で割安である。いずれにしても，公衆無線LAN事業は，独自の利用者よりも，固定のインターネットとの組合せ，第三世代携帯との共用カード，あるいはIP電話機能付きの携帯電話などが主な利用形態になると考えられる。

2 インターネットと伝統的メディア

ポータルサイト 検索エンジンと各種情報へのリンクを統合したサイトをポータル（玄関）サイトと呼ぶ。

ヤフー，インフォシーク，MSN，エキサイトなどが家庭からの利用者数が多いポータルであり，楽天，アマゾンなどのショッピングサイトがそれらに続いて利用者が多い（表3-2）。

ヤフーが最大手で，2004年3月の月間ページビューは205億2396万（対前年比＋63％）である。ヤフーのサイトのなかでの閲覧数（ページビュー）比率でいえば，オークションが31％，新聞情報等が27％，検索が18％となっている。その他の大手ポ

表3-2 主なポータルサイトとユーザー数

順位	サイト名	カテゴリー	ユーザー数(千人)
1	ヤフー	ポータル	29,633
2	ニフティ	ISP	16,659
3	インフォシーク	ポータル	15,337
4	楽天市場	ショッピング	14,968
5	MSN	ポータル	14,241
6	goo	ポータル	11,021
7	アマゾン	ショッピング	10,901
8	Google	検索	7,981
9	エキサイト	ポータル	7,512
10	2ちゃんねる	掲示板	7,014

(出所) ネットレイティングス社,2004年11月。

ータルには,goo, Lycos, MSN, インフォシーク,エキサイト,ISIZEなどがある。検索エンジン専門サイトとしてはGoogleがあり,Google Newsなどの機能を付加してポータルサイトへの進化をめざしている。

放送と通信 光ファイバー,ADSLを利用した放送あるいは映像配信サービスが提供されており,通信と放送の融合がアクセス回線レベルでは進行しつつある。通信回線を利用して,地上波放送,BS放送,CS放送などを再送信する仕組みだ。これは制度的には電気通信利用放送役務と呼ばれている。

京阪ケーブルテレビジョン(K-CAT)は,光ファイバーを使った102チャンネルの放送番組配信を行っている。これは「eoTV」と呼ばれ,BSデジタル,CS放送,地上デジタル放送も含んだ放送サービスと100 Mbpsのブロードバンド接続サービス

が提供されている。KDDI が 2003 年 12 月から提供している「光プラス」サービスでは，オプションとして 28 チャンネルの放送とビデオ配信（VOD）サービスが利用可能である。（地上放送の再送信はできない）Yahoo!BB は ADSL 回線を使って同様なサービスを提供しており，2005 年からは光ファイバーを用いて，地上放送の再送信も可能なサービスを提供している。

　CS 放送事業者の子会社であるオプティキャストは，2004 年 3 月より，美観上あるいは方角的にアンテナ設置のできない集合住宅を中心に，光ファイバーを用いてブロードバンドと放送サービスを提供している。有線ブロードネットワークスは，2005 年 3 月から新作の映画を中心に年間 300 本の配信を行っている。これは，レンタルビデオに近い形態で，暗号化したコピーガード機能を付与して 3 日間という観賞期限を付けて配信するものだ。韓国ドラマの人気などによりネットによる映像配信市場も立ち上がってきた。2004 年には 312 億円までに成長してきた。

　放送法ではコンテンツと放送設備の双方を保持するのが放送事業者の原則であるとされているが，地方の小局では過疎地に対する地上デジタル放送用の送信設備などへの投資を避けたいとも考えているようだ。かつて IT 戦略本部が提起した水平分離に対して放送事業者は大反対していたが，例外的なケースでは方針変更をしてもよいのではないか。

インターネットと新聞　ほとんどの新聞社はウェブ上で無料のニュースを流しており，タイトルの一覧性，検索機能，速報性では伝統的な紙の新聞よりも優れている点もある。アメリカではすでにニュースの情報源としてもっとも活用されているのはインターネットであり，接触時間もほかのメディアと比

べて長くなっている。たとえば，24時間ニュース専門のTV局であるCNNのウェブは新聞社のサイトにひけを取らず，動画情報も多いことからもっとも人気のあるサイトである（図3-3参照）。

ウェブ新聞と紙の新聞との共存シナリオとしては，①ウェブ新聞は現状どおりのレベルの広告収入で運営する，②ウェブ新聞は有料化し，紙の新聞購読者には割引を行う（Wall Street Journalがこのモデルの代表例である），③無料版のウェブ新聞は最新版の記事を中心とし，古い記事については記事ごとに有料でダウンロード可能とする（New York Timesなどはすでにこうなっているが，さらに有料部分を増やすことを検討中である），などが考えられる。

また，最近ではGoogle NewsやToipx.netなどのように全国

図3-3 アメリカの人気ニュースサイトとユーザー数

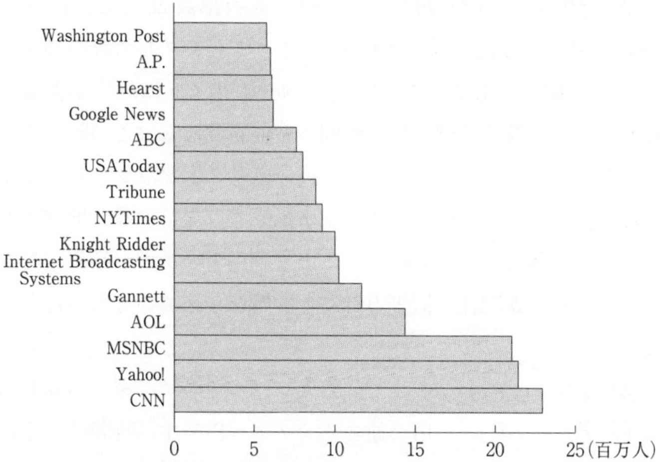

(出所) Nielsen/NetRatings 2004年データ。

で報道されている主要な記事へのリンクをインデックス化するサイトも人気が上がっている。サイトを選んでから記事をみるという従来型の読み方でなく,ホットなトピックや自分の関心のある記事を横断的に読めるというメリットがあるからだ。こういう紙の新聞購読ではできないインターネット独自の機能を売り物にした有料化も考えられる。実際に大手の新聞社が共同で Topix.net を買収したと報じられている。このような既存メディアが先手を打って,インターネット企業を買収する動きが出てきているのも興味深い。

Google News と既存の新聞社サイトとの競合・相互依存関係を考えてみよう。ネットレイティングス社(2004年9月時点)によれば,当初の Google News の利用数は約 100 万であった。利用者が実際にクリックしたサイトのランキングをみると,上位は日本経済新聞,朝日新聞,日刊スポーツの順となっている。発行部数 50 万の「河北新報」が 8 位,発行部数 20 万の「四国新聞」が 10 位に入るなど,地方紙であってもアクセス数が増やせるという結果が出ている。Google News サイトに対して警戒感をもっていた読売新聞,毎日新聞,産経新聞などはこの時点では情報を提供していなかったが,最近ではリストアップされるようになった。このように,個々の記事単位で,発行部数や地域に関係なく,情報の速報性や魅力度による利用者の選択が始まったことは,今後の新聞社の編集方針にも影響を与えていくものと考えられる。

メディアとしてのインターネット ここで,個人レベルでのインターネット利用が他のメディア利用や生活時間に与える影響をまとめてみよう。図 3-4 のように,アメリカにおける調

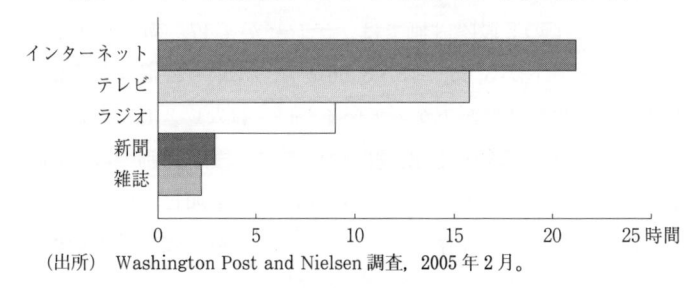

図3-4 アメリカにおけるメディア接触時間（1週間あたり）

```
インターネット ████████████████████ 21.2
テレビ        ███████████████ 15.8
ラジオ        █████████ 9
新聞          ███ 2.9
雑誌          ██ 2.2
              0    5    10   15   20   25 時間
```

(出所) Washington Post and Nielsen 調査，2005年2月。

査（2005年）によれば，すでにメディア接触時間はインターネットがテレビ，ラジオ，新聞，雑誌などを大きく上回っている。1週間あたりでインターネット（メールを除く）に21.2時間，テレビに15.8時間，ラジオに9時間，新聞に2.9時間，雑誌に2.2時間費やしている。さらに先進的なグループだけを取り出してニュース・メディアとして毎日接触する比率を聞くと，インターネットが74％，テレビが46％，ラジオが38％，新聞が15％，雑誌が2％となる。ほかのメディアと比べたインターネットの優位性を聞くと，24時間利用できる，最新の情報が入手できる，情報源が多様である，無料である，ほかのメディアとの併用ができる，操作が簡単である，というようにさまざまな点があげられている。すでにインターネットがマスメディアを追い越していると言っても過言ではなかろう。

では日本ではどうなのだろうか。通信総合研究所［2004］によれば，テレビを見る時間が減った人が27.9％，睡眠時間が減った人が22％，本を読む時間が減った人が18.2％，新聞を読む時間が減った人が12.3％であった。一方，友達と対面で話す時間については，減った人が7.5％いるが，増えた人も3.7％いる。

では接触時間が減ったメディアに対する評価はどうかというと，情報源としての5段階評価では，テレビが4.17，新聞が4.12，インターネットが3.68，本が3.66となっており，必ずしも伝統的メディアの重要度が下がっているわけではない。しかしながら，インターネット情報の信頼度についての5段階評価では，2000年の2.93に対して2003年では3.04に若干増加している。このように日本ではまだ既存メディアの優位性が残っているものの，きっかけはマスメディアであっても詳細な情報収集やフォローアップはインターネットを利用する形態が増加していくものと考えられる。

　インターネットの利用時間（週平均）についてワールド・インターネット・プロジェクト（WIP）に参加している14カ国で国際比較してみると，シンガポールが15.3時間，韓国が14.2時間，中国が12.4時間，ドイツとアメリカが11.6時間となっているのに対し，日本は7.6時間とシンガポールの約半分であった。自宅での利用時間は上位各国と大差がないので，この差分は職場や学校での利用時間およびネットカフェなどでの利用時間の違いによるものである。また，インターネット情報の信頼度について同様の比較をしてみよう。信頼できる（大部分あるいは全部）と答えた比率で上位に来るのは，台湾，韓国，中国などである。逆に，信頼できない（一部あるいは全部）と答えた比率で上位にくるのは，スウェーデン，シンガポール，日本などである。これらの差が実際のコンテンツの差なのか，国民性なのかは定かではないが，今後のインターネットの発展には信頼性の向上が重要であると考えられる。

オンライン音楽・映像配信　アップルのiTunesは2005年7月で累計5億のダウンロード数を記録し，音楽の購入をCDからオンライン配信に置き換える原動力になりつつある。日本ではKDDIが携帯で始めた着うたのダウンロード数が2005年4月に2億を突破し，楽曲全体をダウンロードする機能も加わってきた。2004年にはCD売上の約4分の1の1100億円に達した。

音楽のネット配信によってCDショップの売上が減少するのは避けられないだろう。これまでのCD販売は再販価格によってかなり高い水準に維持されてきており，自由価格のDVDと比べると割高感が強い。CD-Rの原価は1枚10円くらいであり，15曲入ったアルバムが3000円であることを考えると，シングルCDの1200円は合理的な水準とはいえそうにない。アメリカで問題となっていた違法な音楽ファイルの交換はナップスター（Napster）☆の敗訴や米国レコード産業協会（RIAA）による利用者提訴などにより急速に縮小しているようだ。

しかしながら，次には映画などの動画像をファイル共有する人びとが増えている。ビットトレントやeドンキーというソフトを用いて映画やテレビ番組などが交換されている。ビットトレントの利用者は全世界で2000万といわれ，数百万人が同時に利用している。従来のナップスターやウィニー（Winny）などのソフ

☆**Napster**
Napsterとは1999年に19歳の学生が開発したプログラムの名称および会社名である。ピアツーピア（P2P）と呼ばれる利用者同士のファイル交換を行えるソフトの1つである。ピーク時には4000万ユーザーが利用していたが，著作権を侵害して音楽ファイルの交換が行われていたため，RIAAに提訴され，2002年に裁判に敗れてNapster社は倒産した。

トで映画をダウンロードしようとすると数日間かかったが,これらの新しいソフトでは2～8時間で受信可能だ。全米映画協会(MPAA)は2004年12月に提訴を行ったが,根本的な解決策にはなっていない。また,MPAAの推定では,中国で販売されているDVDの約95％が海賊版で,アメリカの映画産業は昨年だけでも2億8000万ドルの被害を被っている。

出版とインターネット　出版業界の伝統的なビジネスモデルは,卸を通じて全国の書店の棚を一定期間借りて,返品を許容する仕組みである。このビジネスモデルの欠点は,リスクを出版社のみが負う,出版点数は増加しているが中小の書店の棚の面積は増えない,質の高い書籍よりベストセラーや雑誌に陳列の重点が置かれる,書籍を探すのに手間取る,などである。一方で,電子書籍が急速に伸びている。最大手の電子書店パピレスでは,2005年12月の時点で約5万4000タイトルが配信されている。配信先はパソコン,携帯電話,専用端末の3種類がある。主体となっているジャンルは小説とコミックである。とくに定額制の導入などにより携帯電話向けの配信が伸びている。アメリカでポピュラーな朗読版の書籍も今後徐々に普及すると考えられている。紙の百科事典が絶滅しつつあることはいうまでもない。ブリタニカはウェブで百科事典の検索ができるようにしており,一部は無料公開されているが,詳細版は年間70ドルのメンバー制である。紙ベースでは32巻で1400ドルなので,置き場所や検索する手間を考えるとCD-ROM版またはウェブ版がこれから伸びるだろう。

インターネットの新しい利用形態　最近伸びている利用形態はブログ(Blog, web logの省略形)である。日記と類似の

掲載であるが，トラックバックと呼ばれるリンクやコメント記入が可能な点がこれまでの片方向のウェブ情報発信と異なっている。2005年3月の調査によれば，ブログの認知度はすでに8割を超え，閲覧の経験者も6割を超えた。ブログを作成している人と作成してみたい人を合わせると約5割となっている。

ウェブ上の新聞や雑誌サイトにおいては，従来型の情報伝達とブログによる読者との双方向コミュニケーションを複合的に組み合わせているケースが増えている。ブログの影響度はしだいに大きくなっているので，伝統的なジャーナリズムにも刺激を与えていると思われる。ネットレイティングス社の調査によれば，主要13ブログの月間閲覧数は2004年12月で約5.6億回となり前年の3倍以上に達している。

もう1つはソーシャル・ネットワーク・システム（SNS）という口コミで友達の輪を広げていく仕組みだ。すでに参加している人からの紹介がないと加入できない仕組みなので，匿名性を重視するこれまでのネット・コミュニティとは一線を画している。オフライン・ミーティングなども行いやすくなる。イー・マーキュリー社の運営するmixiというSNSは，1年弱で35万人の会員を集めた。

広告媒体としてのインターネットの利用価値も上がってきている。2004年にはラジオを抜いてテレビ，新聞に次ぐ第3の広告媒体となった。従来型のバナー広告に加え，ポップアップ広告，動画配信に付随する広告，指定したキーワードを入力したブログへの広告など多様な形態に発展しつつある。

3 さまざまな利用形態

電子商取引の市場規模　経済産業省の調査によれば，2004年度の電子商取引の市場規模は，企業間（BtoB）で前年度より約33％増加して102兆6990億円，消費者向け（BtoC）で前年度より約28％増加して5兆6430億円となっている。企業間取引で規模が大きいのは，自動車部品の調達，電子・情報関連機器の分野であり，伸び率が高いのは，通信・放送サービス，化学，事務用品などである。消費者向けでは，各種サービス，不動産，自動車の規模が大きく，伸び率が高いのは書籍・音楽，金融などである。モバイルによる取引という別の切り口でみると，着うたなどのエンターテインメント，書籍や雑貨などの物販の拡大などにより前年の約25％の増加という伸びである。

また，情報通信総合研究所の調査（2004年7月）によると，インターネットで利用しているサービスのランキングは，掲示板やメーリングリスト（62.8％），オークション（59.4％），ネットバンキング（56.8％），オンライン・クーポン（39.9％），チャット（39.2％），などとなっている。また，個人ホームページ等（31％），ファイル交換（16.2％），インターネット電話（15.5％），オンライン・トレーディング（14.7％）などがそれに続いている。

さらに，情報通信総合研究所の調査（2004年5月）によれば，過去1年間にネットショッピングで購入した商品のランキングでは，書籍（48.3％），衣料（43％），旅行予約（40.2％），CD/DVD（38.7％），食品（33.2％），コンピュータ（30.1％），日用雑貨（29.3％）などが上位となっている。

流通革新 　これらのデータにも現れているが,インターネットによる取引形態の革新が起きている。とりわけ証券,銀行,予約,オークションなどのサービス業はネットとの親和性が高い。証券でいえば,一般店舗で100万円の株式を売買すると約1万円の手数料だが,ネット取引では1000円以下でも可能だ。また,取引額にかかわらず1日いくらという手数料を設定している会社もある。これにより,その日のうちに売買を繰り返すいわゆるデイトレーダーも増加している。インターネット専業の証券会社の口座数は大手5社だけでも2004年末に150万口座を突破した。2001年末の71万から2.2倍に増加しており,伝統的な証券会社大手3社の口座数が約1000万なので,取引件数では大きな差がなくなっている可能性がある。

　銀行でいえば,預金通帳を発行するという常識も覆され,ウェブ通帳であれば口座維持管理手数料が不要というケースも出てきている。また,インターネットでの同一銀行内への振込手数料は無料から100円程度と店舗やATMでの振込と比べて格安となっている。アメリカの2004年11月の調査によれば,44%のインターネット利用者がネットバンキングを経験済みである。ブロードバンド接続の30代男性がもっとも利用率が高いセグメントである。

　旅行予約では,たとえば全日空の予約の3分の1がウェブ経由になった。いろいろな条件を24時間いつでも比較検討できたりする利便性やウェブ割引などが提供されているからである。

　このようにウェブ向けに機能的,コスト的に利用者に有利なサービスが提供できるのは,サービス提供主体にもメリットがあるからである。たとえば航空会社がウェブ割引をできるのはそれま

3　さまざまな利用形態

で旅行代理店に支払っていた手数料を削減できるからであり、1日に何回取引を行っても同一料金というのは人手を介していれば実現できないサービスである。このように、仲介業者のバイパス、自社の社員の人手を介さない、紙の通帳を発行しない、などの工夫がネットで可能となってきている。

先進的なネット企業　(1) デル　インターネットを徹底活用して急成長を遂げた企業の代表例がデル (Dell) 社である。日本でも最近は知られるようになったが、世界一のコンピュータ企業である。この10年間のあいだに売上を20倍に伸ばし、5兆円近い売上高に達している。世界ではHP社と僅差でのトップシェア (19%) であるが、アメリカではHP社を大きく引き離して30%以上のシェアを誇っている。デル社の仕事の仕組みは「ダイレクト・モデル」と呼ばれているが、注文、配送、カスタマー・サービスは顧客とデル社のあいだで、製造はパートナー企業とデル社のあいだでダイレクトなネットワークができあがっている。その結果、無駄を省き、顧客の注文どおりに、即座に、低廉で、質の高い製品とサービスを提供できている。あのコンピュータの巨人企業であるIBMが2004年にパソコン製造から撤退したのは、伝統的な大企業がネットビジネスとの競争に負けた象徴的な事例である。

(2) ヤフー　オークションの最大手は2004年度の売上が5600億円のヤフーである。それに続くのが楽天やディーエヌエーである。3社の売上を合わせると大手百貨店の伊勢丹の売上高 (6300億円) を上回る。出品は個人が中心だが、法人や、地方自治体なども加わって多彩になってきた。その一方でトラブルも増えており、各社は本人性の確認を強化している。海外ではイーベ

イ (eBay) が38カ国4000万の利用者を誇っている。2003年末には，4万5000のカテゴリーに9.7億のアイテムがリストアップされており1日最大7.2億ページビューという巨大な市場に成長した。入札・落札手数料等の実収入で21.7億ドルに達している（グロスでは240億ドル）。イーベイの成長は，使いやすさ，手数料の安さ，品揃えの豊富さなどである。

(3) カカクコム　インターネットの特徴を生かしたサイトとして比較サイトがある。もっとも有名なのは「価格.com」であるが，パソコンから葬儀の見積もりまで15万アイテムの価格比較情報を提供している。価格コムの特徴はあくまで消費者の代理人としての立場を貫いており，情報提供者のPRは一次情報としては掲示せず，すでに購買した人の評価などの情報交換ができる仕組みを提供している。たとえば，ブロードバンド・サービスなど割引やリベートや速度など複雑な商品でも，希望する条件を入力すると瞬時に最安値からのランキングが表示される。損害保険などの一括見積もりも可能となっており大変便利である。月間ページビューは650万に達する。

しかしながら，2005年5月に不正なアクセスによりメールアドレスの盗難などが起こり，一時的に閉鎖に追い込まれた。原因や犯人は明確になっていないが，情報セキュリティの重要性がクローズアップされた。

(4) 楽天　ショッピングサイトの最大手は楽天である。事業領域の拡大や店舗の充実により会員数は2年間で3倍に増加（2004年12月時点で787万人），売上は2年間で4.5倍に増加し，2004年第4四半期のページビューは1.6億に達している。2004年の楽天の収入は465億円で，その内訳はEC（電子商取引）事

業が207億円，ポータル事業が57億円，トラベル事業が61億円，金融事業が139億円となっている。月額5万円という格安の出店料と個別サイトに対するコンサルティングを武器に2004年10月には1万店を超えた。2004年の第4四半期では購入者数が263万人（2003年第2四半期の約2倍），注文件数は594万回，1件あたりの平均購入額は9900円となっており，順調な伸びを示している。ここ数年で出店料中心の収益構造から売上高連動マージンおよび広告収入中心のビジネスモデルに変化しており，さらなる成長が期待できる。

旅行分野でもネット専業の楽天トラベルが大手のJTBと肩を並べようとしている。みかけの取扱高ではJTBが9000億円に対し，楽天は860億円と約10分の1である。しかし，宿泊予約数に関してはJTBが2600万で楽天は1500万で，約3分の2になっている。2005年から国際航空券のオンライン予約も始め，宿泊付のパッケージ販売も年内に計画している。現在と同様の成長（年率20～30％）が続けば，3，4年後にはJTBに追いつくのも夢ではない。

(5) アマゾン　　アマゾン・ドット・コムは書籍の販売から百貨店への変身を遂げつつある。長らく赤字が続いていたが，2003年から黒字に転換し，2004年の売上は69億ドルに達した。アメリカ内のみならずヨーロッパや日本にも進出しており，海外での売上の伸びが著しい。売上高の伸び率は2年間で約3倍であり，国内と国際の売上高比率は4：3，利益の比率は5：3となっている。書籍やビデオ等のメディア商品の売上が51億ドルであり，18億ドルが電気製品やその他の製品の売上となっており，とくにアメリカでは売上品目の多様化が功を奏している。

(6) アスクル　オフィス用品のワンストップショッピング企業として発展しているのがアスクルである。数多い中小企業向けにも低価格で迅速なサービス（翌日配送を基本としていたことから「明日来る」という意味の社名となっている）を提供することをねらいとした。当初は、文具用品メーカーのプラス社の一事業部として発足し、いわばメーカー主導の販売代理業として発足したが、お客様本位のビジネスモデル（購買代理業）を確立するために1997年に独立した。プラス社以外の文具・事務用品を含め生活用品、家具、書籍等にも取扱商品を広げ、大幅な割引価格でのワンストップショッピング（約1万9400アイテム）を可能とした。2004年の売上は1220億円で、親会社の338億円の4倍近い規模に成長している。インターネット販売比率を上げ、全国6拠点の物流センターと受注センターを効率的に結ぶシステム化により、迅速な配送、低廉な価格、豊富な品揃えを図っている。

4　政府のIT化戦略とその成果

e-Japan戦略　2000年11月の「高度情報通信ネットワーク社会形成法」（いわゆるIT基本法）の成立を受けて、2001年1月にIT戦略本部が設置された。そこで「e-Japan戦略」がとりまとめられ、5年以内に世界最先端のIT国家となることが大目標とされた。インフラについては、2005年までに高速インターネットを3000万世帯で、超高速インターネットを1000万世帯で利用可能とするという目標が設定された。この目標については、すでに2003年時点でADSLとCATVで5800万世帯、FTTHで1770万世帯がサービスエリア内となり、

2年前倒しで目標達成となった。しかしながら，設備の実利用率はまだ低く，魅力あるコンテンツ不足や政府・自治体の情報化の遅れなどが課題として残った。

そこで，2003年7月に利活用を中心とした目標が「e-Japan II」として取りまとめられた。ここでは，医療，食，生活，中小企業金融，知，就労・労働，行政サービスの7分野について先導的な取組みを推進することとなった。しかしながら，とくに行政サービスにおいて，一部が電子化されていても添付資料の郵送や手数料の窓口納付が必要であったりすることなどが課題として残っている。

e-文書法は2005年4月に施行された法律で，民間に保存が義務づけられている大量の文書を電子保存することを認めるものである。すでに会計データの電子保存は認められているが，決算関係書類，領収書，契約書，カルテ，レセプトなどまで電子保存が可能となる。これらは，一定の年数の保存が必要なので，経団連の試算によれば，年間3000億円程度のコスト削減ができる。もちろん単に電子的に保存するだけでは正式文書とは認められない。実印にあたる電子署名および，印鑑証明にあたる電子証明書が必要となる。これらについてはすでに2001年4月の電子署名法で認められている。電子契約には収入印紙が不要である。また，改ざん防止が必要な場合はタイムスタンプを付加することにより時刻認証を行う。

e-Japanから u-Japanへ　これらのIT化の勢いを維持しさらに高度な社会を目指すため，総務省は2010年にむけた「u-Japan政策」を2004年の12月に提案している。uはubiquitous（ユビキタス；どこにでもある）の頭文字である。この政

策の大目標としては，e-Japan戦略が目指した世界へのキャッチアップからさらに一歩踏み出し，世界を先導することをめざしている。まだ具体性には欠けるきらいはあるが，①シームレスなユビキタス・ネットワークの整備（国民すべてが利用可能），②社会課題解決型のICT（情報通信技術）活用（国民の80％が評価），③利用環境の整備による不安解消（国民の80％が安心），という3つの基本軸を提示している。

国民が重点課題と考えている課題の1つは，ネット社会のリスク管理である。たとえば，ネットワーク犯罪（不正コピー，不正アクセス，盗聴，なりすましなど）の防止や，倫理的な問題（プライバシー，誹謗中傷など）への対策が重要だと考えている。また，安全・安心な生活環境の実現への期待も高い。たとえば，災害時における迅速・正確な情報の共有化や，日常の防犯体制の強化（ストーカー対策，空き巣対策，テロ等緊急情報の入手）などである。

日本の電子政府化に関する評価　2004年3月に発表された，評価専門委員会の中間報告書によれば，全般的には良い方向へ進捗しているが，改善すべき事項も数多く残っている。電子政府・電子自治体に関しては，オンラインシステムの導入などのハード的な面は進んでいるが，利用しやすい仕組みやシステム化されていない業務フローのネックが大きいということだ。たとえば国税申告が電子化されたが，一部の文書（医療費の領収書，その他の証明書など）を郵送する必要があり，必ずしも利用率の向上にはつながっていない。また，自治体ごとに業者登録などを個別に申請が必要である。情報の公開についても，政策形成過程の情報や統計データなどが一部しか行われてない。今後のアクシ

ョンとしては,
① 電子申請・届出の手数料を値下げするなど,利用者の利便性向上を図る必要がある
② 業務の大幅な効率化が実現するように手続きの簡素化を図るべきである
③ 原則としてすべての発表情報を電子的にも行いデータベース化する
④ IT 人材の民間からの登用を進める

などが提言されている。

海外の電子政府 国連の 2003 年調査によれば,電子政府化ランキングはアメリカが 1 位,スウェーデンが 2 位,オーストラリアが 3 位,デンマークが 4 位,イギリスが 5 位であり,日本は 18 位にとどまっていた。一方,アクセンチュア社が 2004 年 5 月に公表したランキングによれば,カナダが 1 位,アメリカとシンガポールが同率 2 位,オーストラリア,デンマーク,フィンランドがこれらに続く。日本はベルギー,アイルランドと並んで 11 位であった。2002 年の 17 位,2003 年の 15 位から改善はされているが,政府が目標としている世界の最先端には程遠い。たとえば,アメリカでは確定申告にあたってインターネットを利用しているのが約 5 割にも及んでいる。カナダは中央政府だけでなく地方自治体へのアクセスも一元化されているし,シンガポールはモバイルからのアクセスにも力を入れている。

韓国の IT 化戦略 ブロードバンドで世界の最先端を進んでいる韓国でも,政府の IT 化戦略が強く影響を受けている。韓国政府は,1999 年に「サイバーコリア 21」計画,2001 年に e-Korea,2004 年には u-Korea を策定して情報インフ

ラ整備，ベンチャー企業の育成，国民へのパソコン普及を積極的に進めた。各学校には全教員，全教室にパソコンが導入され，コリアンテレコム（KT）などが低額の高速インターネット接続サービスを提供した。

このため，韓国のインターネット利用者数は1998年末の310万人から2003年末には約3000万人と急激に増加した。そのうち1000万人は高速インターネット利用者であり，韓国がブロードバンド・インターネット接続のもっとも普及した国である。

今後の目標としては，現在1.5〜2 Mbpsにとどまっているブロードバンド・インターネット網の速度を，50〜100 Mbpsクラスに向上させた広域統合網を世界で最初に構築することを計画している。さらに「デジタルホーム構想」を推進すべく，2007年までに2兆ウォンを投入して韓国世帯の61％にあたる1000万世帯を目標に2つの企業グループ（SKテレコム等39社，およびKTテレコム等44社）が競う。また，2007年には，IT産業がGDP比20％，生産400兆ウォン，雇用150万人，世界情報家電市場の17％，ホームネットワークの13％のシェアを成し遂げていく目標を掲げている。

5 インターネットの課題

デジタル・ディバイド　　ブロードバンド・サービスの普及は進んでいるが，サービス提供地域は都市部を中心に展開されており，デジタル・ディバイド（地域間格差）が発生している。たとえば全体の市町村数でいえば，3123地域のうち83.3％にあたる2601地域がカバーされている。しかしながら過

疎地域（1149地域）では約4割が未提供である。とりわけ超高速の光サービス（FTTH）で比較すると，都市部の71％がカバーされているが，過疎地域ではわずかに1.8％のみとなっている。また，地域間格差のみならず同一市町村内における格差も存在する。このような格差を是正するため総務省では，「全国均衡のあるブロードバンド基盤の整備に関する研究会」を開催し，2005年7月に最終報告がまとめられた。その骨子は，民間のみでは提供が難しい地域においては，国，県，市町村と通信事業者との協力関係や投資への補助が必要となってくるため，すでに成功している事例などを十分研究し，地方自治体の所有する光ファイバーの開放なども含めて実行計画を具体化すべきという内容である。

　すでにいくつかの自治体では過疎地でのブロードバンド・サービス提供に成功している。ここでは宮崎県の木城町の事例について触れておく。木城町は宮崎県の山間部にある人口5759人の小さな町であるが，5億6000万円をかけて町内の公共施設を結ぶ地域イントラネット網と各家庭への光アクセス網を整備し，自らがアクセス・プロバイダーとなったのである。資金の3分の1は国からの補助金で，残りは過疎債により調達された。設置した設備はNTT西日本に貸し出し（IRU契約と呼ばれる），町外のインターネットへの接続もNTT西日本が請け負う形態でサービスが提供されている。全世帯の3割を超える655加入で2004年の4月から開始されたが，自ら設備投資を行ったおかげで月額3800円という低廉な料金で光ブロードバンドが実現した。国，地方自治体，通信事業者の三者が一体となって問題を解決した事例として全国的に注目されている。

迷惑メールへの対策　迷惑メールについては，携帯電話を中心に検討がなされ，2002年7月に「特定電子メール法」が制定された。しかしながら，送信者の巧妙化・悪質化が進行しており，未だにこの問題は解決されていない。たとえば携帯電話事業者のメールサーバーには1日10億通以上のメールが送信されてくるが，そのうちの9割以上が架空のアドレスまたは受信者が拒否しているメールである。このため通常のメール受信が遅延するなどの被害が出ている。総務省の「迷惑メールへの対応の在り方に関する研究会」でも2004年12月に中間報告がまとめられている。基本的には法律で規制するメールの範囲（たとえば架空アドレスあてメールの禁止，事業用メールアドレスへの送信も対象など）を拡大する方針が出されている。なお，アメリカのメリーランド大学の調査（2005年）によれば，78％の人が毎日迷惑メールを受信しており，68％の人は毎日迷惑メールの削除に時間を費やしている。そうすると全米で1週間に2300万時間がこの作業に費やされており，平均的な賃金を掛け合わせると年間で216億ドルの損失を被っていることになるという。携帯のみならずPCメールについても的確な対策が必要であろう。

詐欺行為への対応　その他にも，ワンクリック詐欺，フィッシング詐欺，オークション詐欺，ウィルス，個人情報保護などの課題も多い。ワンクリック詐欺は，うっかりOKボタンをクリックすると，法外な料金を請求する脅迫まがいのメールが送られてくるケースである。フィッシング詐欺は，実在のサイトと類似したサイトへアクセスさせ，クレジットカード番号などの個人情報を入力させる詐欺である。アメリカでは数年

後には100億ドルを超える被害額になるとの予測もあり，日本でも総務省と経済産業省で対策が検討されている。オークション詐欺は，落札金額を送金したにもかかわらず物品が送付されないケースである。ネットがなければ成立しない取引もあり1兆円規模に成長したオークション市場だが，被害額も少なくとも1億5000万円はあるということだ。ウィルスについてもいたちごっこの状態が続いており，対応ソフトを小まめにアップデートする，不審な添付資料は開かず削除するなどの自衛策を取るしかない状態だ。イギリスでは政府がウィルス情報を流すところまできた。個人情報保護はインターネット上だけの問題ではないが，みえないところで個人情報が悪用される可能性もある。

《参考文献》

石田晴久［2004］,『インターネット安全活用術』岩波書店。

インターネット協会監修［2005］,『インターネット白書2005』インプレス。

情報通信総合研究所編［2004］,『情報通信ハンドブック2005』情報通信総合研究所。

総務省編［2005］,『情報通信白書』(平成17年版)，ぎょうせい。

通信総合研究所［2004］,「インターネットの利用に関する実態調査報告書2003」。

*Column*③　ユビキタス・ネットワーク

　パソコンや携帯電話を中心とした情報革命は新たな展開期を迎えようとしている。iPodやネットワーク・ウォークマンをはじめとするオーディオ・ビジュアル機器もネットワークの一部になりつつある。複数台のパソコンを所有する家庭では無線LANが普及し，DVDレコーダーなどのデジタル家電が家庭内のLANやサーバーに接続され，情報の共有化が進む。デジタル放送対応テレビにはネットワークとの接続ジャックが標準装備され，冷蔵庫，エアコン，ステレオなどもネットワークにつながっていく。家庭内のネットワーク化を全世帯で簡単に行うために，電力コンセントおよび屋内配線を使ったネットワークの実用化が検討されている。

　このようにすべての機器がいつでもどこでも接続できるネットワークをユビキタス・ネットワークと呼ぶ。たとえば，外出先などからのコントロール機能（携帯電話から帰宅前にエアコンのスイッチを入れる操作など）が可能となるし，パソコンにダウンロードした音楽ファイルのステレオへの転送なども可能となる。このようなネットワーク化を実現するためには，業界の壁や産学の壁を越えた標準化活動が重要である。

　また，現在使われているバーコードに代わるものとして無線ICタグへの期待が高まっている。さまざまな情報が製品に埋め込まれたチップ上で運ばれていき，流通過程の合理化や食品の履歴チェックなどの処理が行える。ユビキタス・ネットワークの発展は，われわれの生活やビジネスを効率化するだけでなく，日本の得意な家電分野における高度化であり，21世紀に向けた日本の競争力強化の柱の1つとして政策的な重要性ももっている。

第4章

新 聞

(写真提供:読売新聞社)

日本の主要新聞は,いまだ大きな社会的影響力を保持している。しかし,多メディア化が進むなかで,新聞を読まない層は20代から30代へと広がりつつある。販売部数はまだ,ピークの時期から比べて微減といった程度だが,近い将来,急激な部数減に襲われないとも限らない。インターネットでの情報提供は進んでいるが,そこで収益を上げる方法はいまだ模索段階だ。新聞産業に,生き延びる道はあるのだろうか。

新聞を定義すると，内容においては「社会の出来事について事実や解説を広く伝え」，形態においては「定期的に刊行され，製本されていない」媒体といえるだろう。一口に新聞といっても，日刊で発行されて時事問題一般を取り扱う「一般紙」，スポーツやレジャーをとりあげる「スポーツ紙」，地域のコミュニティ紙，あるいは特定の業界にテーマと読者を絞った業界紙など，さまざまである。なかには風俗情報専門の新聞もある。

　しかしながら，「マスメディア産業」として考えた場合，地域コミュニティ向けのコミュニティ紙や，特定の業界紙のようなものの役割はきわめて限定的である。一般に「マスメディア産業」の一角として「新聞」を語ろうと思えば，それは，「一般日刊紙」を中心に語らざるをえないであろう。

　日本の主要な新聞は，新聞社の業界団体である日本新聞協会に加盟している。以下，新聞の発行部数等の数字は，とくに断らない限り，同協会が公表しているものを使う。同協会の加盟社は新聞108社，通信社4社，放送29社である（2006年4月現在）。

　本章では，一般日刊紙を中心に，日本の新聞産業の構造的特徴，昨今の新聞産業が直面する課題と危機，新聞界の課題と危機への対応の3節に分けて解説したうえで，報道機関の使命と新聞ビジネスの関係について，若干言及する。なお，本書はメディアの「産業」の側面に焦点をあてているため，紙幅の都合もあり，ジャーナリズム活動や紙面内容については触れない。

1 日本の新聞産業の構造的特徴

新聞のあり方は，各国の歴史，文化に強く依存する。まずは，

日本の新聞産業の構造的特徴を、欧米新聞界との比較において説明する。

巨大な発行部数　　日本の新聞産業の特徴の1つは、発行部数の巨大さにある。

日本の新聞社の多くは、朝刊と夕刊をセットにして発行するという、世界的にも珍しい形態をとっている。このため、通常、日本では朝刊と夕刊をセットとして販売している場合は、両者を分けずに1部として数える。こうして数えると、日本の新聞発行部数は1日5257万部とされている（2005年10月現在）。

世界各国の新聞関連団体を母体とする世界新聞協会の『世界新聞年鑑』（World Press Trends 2005）には200カ国以上のデータが記載されている。比較のために2003年のデータでみると、もっとも部数が多いのが中国で8866万部。次に多いのが、朝夕刊を別々に数えた日本（同年鑑ではそのように記載されている）で7034万部。以下、アメリカ（5519万部）、インド（3141万部）、ドイツ（2257万部）、イギリス（1822万部）の順で続く。

各国の普及率をみるため、成人1000人あたりの発行部数でみると、もっとも高いのがノルウェー650.7部。これに日本（644.2部）、スウェーデン（577.7部）、フィンランド（522.1部）が続く。発行部数がもっとも多い中国は86.3部、アメリカでも232.5部。ドイツも313.0部と、日本の半分に及ばない。一方で、普及率の高い他国は、人口が少ないため発行部数は比較的少なく、ノルウェー245万部、スウェーデン428万部、フィンランド224万部などとなっている。

この総発行部数と普及率の両方の数字を見てみれば、日本のように大規模に新聞が発行され、そのうえ、高い普及率を示してい

1 日本の新聞産業の構造的特徴

る国はないことがわかる。日本は世界最大の新聞大国であるといってもいいだろう。

なお、上記の世界新聞協会の資料に反映されている数字は、あくまで新聞協会加盟の新聞社が発行する新聞に関してのものである。日本新聞協会に加盟していない新聞も多く、たとえば宗教団体や政治団体が発行するもの、あるいは夕刊紙の『日刊ゲンダイ』（発行部数は約168万部）などは加盟していない。

発行部数上位を独占する日本の新聞　題号別に新聞発行部数をみても、日本の新聞の発行部数の多さは群を抜いている。

『世界新聞年鑑』から、日本の新聞を除いて、発行部数の多い新聞ベスト5を抜き出すと以下のとおりである。

　　1位『ビルト（Bild）』（ドイツ、399万部）
　　2位『ザ・サン（The Sun）』（イギリス、330万部）
　　3位『参考消息』（中国、267万部）
　　4位『USAトゥデー（USA Today）』（アメリカ、262万部）
　　5位『朝鮮日報』（韓国、237万）

これに対して、日本の新聞は『読売新聞』の1003万部を筆頭に、『朝日新聞』821万部、『毎日新聞』399万部、『日本経済新聞』304万部、『中日新聞』274万部、『産経新聞』219万部、『北海道新聞』122万部と続く（朝夕刊を1セットとして数えた数字、2005年10月度のデータ）。つまり、発行部数上位の新聞は、日本の新聞によって独占されてしまうのである。

一般日刊紙の分類と全国紙　一般紙は、日本全国で販売・購読される「全国紙」、各県で広く購読される「県紙」、各県の特定のエリアだけで購読される「地域紙」に大別される。また、県紙のうちでも販売エリアが複数の県にまたがるなど、と

くに広域で販売・購読されるものを「ブロック紙」という。全国紙とは一般に,『朝日新聞』『毎日新聞』『読売新聞』『日本経済新聞』『産経新聞』の5紙を指す。またブロック紙は,北海道全域で購読される『北海道新聞』,愛知県とその周辺地域の『中日新聞』,福岡県とその周辺地域の『西日本新聞』を指すのが通常である。

　日本における総発行部数5257万部に対して,『読売新聞』は1003万部であるから,同紙だけで全体の19.1%を占めることになる。『読売新聞』と『朝日新聞』で34.7%,全国紙5紙では52.2%で,全体の半分以上を占める。発行部数から単純に考えると,新聞業界は全国紙による寡占状態にあるといえる。全国紙のうちでもとくに,『読売新聞』『朝日新聞』『毎日新聞』は,共同通信社(後述)からの配信記事に頼らずに,国内および海外に独自の取材ネットワークをもち,世論形成にも強い影響力をもつ。『日本経済新聞』は,経済紙の市場においては独占的な地位にある。これらの全国紙は,日本の新聞界のリーダー的存在であるといって間違いなかろう。

地方紙と一県一紙体制　しかし,日本の新聞産業を,強い全国紙と弱い地方紙,というイメージで捉えてはならない。むしろ,日本の新聞産業の特徴は,大きな発行部数と強い影響力をもった全国紙が存在すると同時に,東京や大阪などの一部の都府県を除く各道府県で,「県紙」あるいは「ブロック紙」といわれる地方紙が非常に大きなシェアと発行部数を維持していることである。

　地方紙のなかでもとくに巨大なのは『中日新聞』で,発行部数は『産経新聞』をはるかに超える274万部を誇る。さらに,同紙

の発行本社である中日新聞社は，東京で『東京新聞』を発行し，また他県でも『北陸中日新聞』などの一般日刊紙を発行しており，これらをすべて合計すると発行部数は350万部以上に達する。

『中日新聞』ほど大きくなくとも，各県におけるシェアを見てみると，全国紙をしのいで，各県でトップを維持している地方紙（県紙）が多い。なかでも，『福井新聞』や『徳島新聞』は，部数はそれぞれ約21万部と26万部であるが，世帯普及率でカウントすると約80％にも達する（表4-1参照）。

このように，日本の新聞界の構図は，東京や大阪など一部を除けば，「一県一紙」という状態が基本である。そして各地で，それぞれの県紙・ブロック紙と，全国紙とが激しい部数争いを展開しているのである。

日本の地方紙が，「一県一紙」という体制になっているのは，第二次世界大戦前から戦中にかけて，報道をコントロールしたい当時の政府が，日本全国にあった無数の地方紙を整理，統合したからである。日本の地方紙は戦後，このように人為的に競争が排除されたメリットを享受して発展してきたのである。

なお現在，県紙クラスの地方紙が複数存在する県は，福島県（『福島民報』と『福島民友』）と沖縄県（『沖縄タイムス』と『琉球新報』）である。また，北海道・帯広市を主な販売エリアとする『十勝毎日新聞』や，青森県・八戸市を主な販売エリアとする『東北デーリー』など，地域紙とはいっても地元では高い普及率を誇っている新聞もある。

共同通信社と地方紙　日本の新聞産業において地方紙，とくに県紙・ブロック紙と呼ばれている地方紙は非常に大きな勢力をもっている。しかも，これら有力地方紙は

表4-1 日本の主要地方紙(県紙・ブロック紙)の発行部数と世帯普及率

新聞紙名	主要発行県	世帯普及率(%)	発行部数(朝刊)	新聞紙名	主要発行県	世帯普及率(%)	発行部数(朝刊)
北海道新聞	北海道	48.65	1,228,690	静岡新聞	静岡	54.86	739,924
東奥日報	青森	47.62	263,267	中日新聞	愛知	66.11	2,745,041
岩手日報	岩手	47.48	233,221	京都新聞	京都	40.79	506,596
河北新報	宮城	56.77	505,474	神戸新聞	兵庫	25.58	560,841
秋田魁新報	秋田	64.36	265,094	日本海新聞	鳥取	76.30	172,712
山形新聞	山形	54.61	212,092	山陰中央新報	島根	62.54	179,249
福島民報	福島	42.15	302,457	山陽新聞	岡山	61.18	463,142
福島民友	福島	27.51	197,876	中国新聞	広島	55.27	713,581
茨城新聞	茨城	11.31	118,790	徳島新聞	徳島	84.76	259,415
下野新聞	栃木	44.96	317,796	四国新聞	香川	52.60	205,452
上毛新聞	群馬	42.53	306,333	愛媛新聞	愛媛	53.19	321,868
神奈川新聞	神奈川	6.00	220,198	高知新聞	高知	68.61	235,373
新潟日報	新潟	61.35	498,548	西日本新聞	福岡	31.62	845,775
北日本新聞	富山	65.36	241,082	佐賀新聞	佐賀	47.15	138,786
北國(富山)新聞	石川	70.72	338,984	長崎新聞	長崎	32.92	194,899
福井新聞	福井	79.51	207,904	熊本日日新聞	熊本	54.54	379,329
				大分合同新聞	大分	48.96	235,396
山梨日日	山梨	66.00	211,186	宮崎日日新聞	宮崎	49.27	234,765
信濃毎日新聞	長野	61.76	481,202	南日本新聞	鹿児島	53.33	405,719
岐阜新聞	岐阜	25.27	177,616	琉球新報	沖縄	40.41	205,969

(注) 世帯普及率は主要発行県内の数値。
(出所) 世帯普及率は日本ABC協会の「新聞発行社レポート普及率」,発行部数は「新聞発行社レポート」(いずれも2004年7~12月期)から集計。

独立して存在しているのではなく,共同通信社という,会員組織の通信社を共有していることに留意しなければならない。共同通信社に加盟する地方紙の発行部数の総計は,『読売新聞』の総発行部数をはるかに上回る。

共同通信社は,有力地方紙発行社をはじめとする59社を加盟社とする社団法人組織である(全国紙の日本経済新聞と産経新聞社,放送のNHKも加盟社である)。日本全国,および海外に

1 日本の新聞産業の構造的特徴

支局網をもち，各地方紙が独自には取材できないような全国ニュースや海外ニュースを中心に記事を配信している。県紙・ブロック紙は，全国紙と競争するため，日本政府や海外のニュースなども詳しく報道する必要がある。このため，共同通信社の配信記事に頼る割合は高い。大きなニュースを報道する1面においては，ほとんどの記事が共同通信社からの配信記事で埋められることも珍しくない。しかし，共同通信社から配信された国内ニュースの記事は，通信社の配信記事であることを明示しないことになっているので，あたかも，すべて各紙の記者が執筆しているかのような体裁で紙面がつくられている。

共同通信社は，各社の「社説」の参考になるような記事も配信するなど，一般の通信社の役割を超えて，地方紙の紙面づくりにおいて大きな役割を果たしているのである。

変容する通信社像 日本を代表する通信社には，共同通信社のほかに時事通信社があり，多くの地方紙は，共同通信社だけでなく時事通信社とも契約をして記事の提供を受けている。

ところで，通信社といえばかつては，世界各地のニュースを新聞社やテレビ局に配信するビジネスと考えられていた。しかし近年では通信社の役割も大きく変わり，金融機関をはじめとした一般企業への速報サービスや，株式や為替の相場情報サービスの割合が大きくなっている。世界的に有名なロイター通信社は，マスメディア向け情報提供サービスの収入は全収入の数パーセントであるといわれる。時事通信社の場合は，歴史的経緯によってマスメディア市場を共同通信社に独占されたところからスタートしたこともあり，現在ではマスメディア向けサービスが全体の収入に

占める割合はせいぜい2割程度だという。

これに対して共同通信社の場合は、新聞社を中心にした会員組織であるため、基本的な事業はあくまで新聞および契約している放送局へのニュース提供である。なお地方紙と激しい競争関係にある朝日、毎日、読売の各社は1952年、共同通信社から脱退し、現在では外信ニュースなど、ごく一部の記事を受け取っている。

高い宅配率と販売店網　日本の新聞の高い普及率を支えているのが、各新聞社が張りめぐらした新聞販売店網である。日本の新聞の総発行部数の93%以上が宅配されている。

新聞販売店は、新聞社の直営の場合もあるが、一般には、新聞社から独立した企業体であり、それぞれの販売店が独自に新聞社と契約を結んでいる。日本新聞協会の調べによると、販売店は日本全国で約2万1000店ある。

以前は、新聞配達といえば、未成年の「新聞少年」が配達するというイメージが強かったが、現在では、未成年者の割合は5%以下にすぎない。

新聞社と販売店の関係を支える制度が再販売価格維持制度（再販制度）である。独占禁止法では一般に、製造元が小売に対して、販売価格を指定することは「不公正な取引方法」として禁止されている。しかしながら新聞や書籍の場合、この原則の例外として、製造元が小売に対して、販売価格を指定した契約を結ぶことができる（第23条）。しかも新聞の場合、公正取引委員会が独占禁止法にいう「不公正な取引方法」について定めた特殊指定として、新聞社や新聞販売店が、地域や相手によって異なる定価を定めたり、割引販売をすることなどを禁止しており、この点で出版業と異なっている。

公正取引委員会は，一般原則からの例外である「再販制度」を見直したい意向をもっており，1990年代には同制度見直しに向けての議論が進められたが，新聞および出版業界からの反発は激しく，公正取引委員会は98年3月，再販制度を当面存続させることを決めた。

　再販制度が存在することによって，新聞発行本社に近い大都市と，住民の少ない過疎地でも，読者は同じ値段で新聞を買うことができる。このため，新聞を全国遍く行き渡らせるための制度として，再販制度は大きな役割を果たしてきたといえるだろう。しかしながら，値引きという，通常の競争政策がとれないために，強引で不健全な販売方法が行われているとの指摘もある。新聞販売の正常化は，長年にわたる大きな課題である。

高級紙と大衆紙　日本の新聞界の特徴として「高級紙」と「大衆紙」の区別が明確でないこともあげられる。

　欧米などでは，インテリ層が読む「高級紙」と，労働者などが読む「大衆紙」とで，明確に色分けされている場合が多い。しかしながら日本では，一般日刊紙は学歴や職業の区別なく読まれることが想定されている。

　たとえば，駅売りを中心に400万部近い部数を誇るドイツの『ビルト』は，ゴシップ中心の大衆紙で，一面には女性のヌード写真が掲載される。その一方で，ドイツには『フラクフルター・アルゲマイネ紙』や『南ドイツ新聞』といった，国際的にも名の通った高級紙が存在するが，発行部数は数十万部で，読者は一部の人びとに限られている。アメリカの高級紙として有名なニューヨークタイムズも，発行部数は110万部である。

　これに対して，日本の一般紙は，会社経営者や高級官僚も読者

として想定しながら,読売新聞のように1000万部以上もの発行部数を有しているケースがある。その一方で,日本の一般紙が固い話題だけを扱っているかといえばそうではなく,連載小説や料理に関する情報を掲載したり,芸能ニュースを報道したりしている。

日本の新聞界も1870年代頃には,政治を論じる「大新聞」と,娯楽ニュースを報道する「小新聞」との区別があった。当時,小新聞は正面を切って政論を掲載することはなかったが,西南戦争の報道が一般大衆から広く支持を受けたことなどによって自信を深め,報道機能を充実させていったのであるという。これに対して,政党と近い関係にあって,政治的な主張を展開していた「大新聞」は,西南戦争後,時事ニュースの報道よりも,主張の展開にいっそう力を入れることになり,それが,小新聞に読者を奪われる要因になった。政府から弾圧されたこともあり,「大新聞」はやがて淘汰され,報道機能を強化した「小新聞」が「中新聞」に成長し,今日の新聞産業の基礎が形成されていったのである。『読売新聞』や『朝日新聞』も,大衆向けの小新聞としてスタートしたのである(山本[1973],8〜43頁)。

比較的低い広告への依存度 日本新聞協会の調べによると,新聞産業全体の年間の売上は2兆3800億円(2004年度)である。出版産業と同様,産業規模としては決して大きくない。

新聞社の収入の柱は,新聞を販売することによって得ることができる販売収入と,新聞に広告を掲載することで得られる広告収入である。そのほかには,出版事業やイベント事業,あるいはインターネット事業から得られる収入などがある。

図 4-1 新聞の総売上と販売別収入構成比の推移

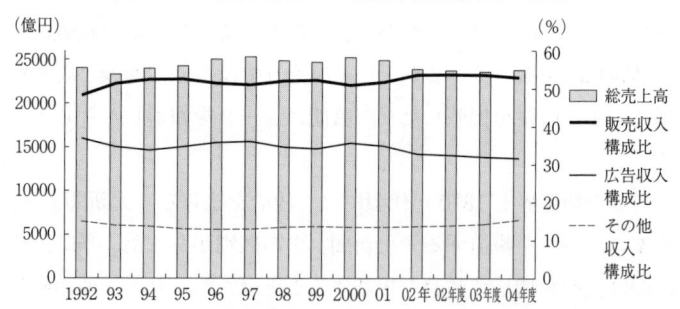

(注) 2002年度以降，調査期間を暦年から年度に変更。総売上高は販売収入，広告収入，その他収入（出版・受託印刷など）の合計額で，新聞社の総収入に相当する。
(出所) 日本新聞協会 [2005]，『日本新聞年鑑』から作成。

　日本新聞協会の統計では，2004年度の新聞社の総売上高に占める販売収入の割合は52.9％，広告収入31.7％，その他が15.4％である。バブル経済時の好景気を背景に，1980年代後半には広告収入の占める割合が高まり，バブル経済崩壊直後の90年，91年には，広告収入が販売収入を上回ったというデータもある。しかしその後，広告収入が落ち込むに従って，販売収入への依存度が増している。

　日本の新聞界の特徴を海外の新聞界との比較において捉えるとき，全広告費に占める新聞のシェアが，テレビに比べて低いことも1つの特徴であろう。

　比較のために，『世界新聞年鑑』（2005年版）に基づいて，米英独仏各国の，マスコミ4媒体のシェアを見てみよう（図4-2参照）。

　英独では，新聞がテレビを凌駕している。フランスでは，新聞産業が脆弱であるため，シェアもテレビよりはるかに低いがその

図4-2 各国の全広告に占める新聞のシェア

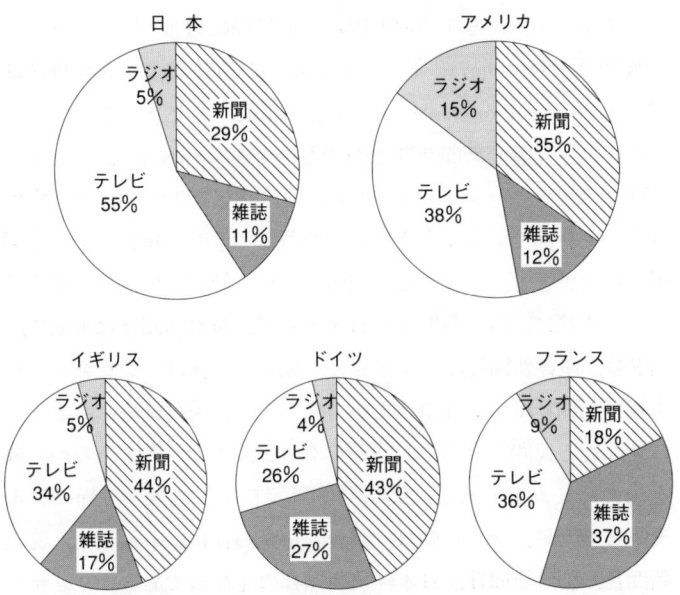

日本：新聞29%、雑誌11%、テレビ55%、ラジオ5%
アメリカ：新聞35%、雑誌12%、テレビ38%、ラジオ15%
イギリス：新聞44%、雑誌17%、テレビ34%、ラジオ5%
ドイツ：新聞43%、雑誌27%、テレビ26%、ラジオ4%
フランス：新聞18%、雑誌37%、テレビ36%、ラジオ9%

(出所) 世界新聞協会［2005］,『世界新聞年鑑』より2003年のデータを基に集計。

分,雑誌が強い。アメリカでも,新聞はテレビの後塵を拝しているが,それでも,ほぼ拮抗しているといってよいだろう。これに対して,圧倒的な発行部数と普及率を誇るはずの日本の新聞は,テレビに対して顕著に遅れをとっている。この理由としては,①日本では民放テレビが1953年という比較的早い時期にスタートして成長してきた,②欧米では通常,新聞発行本社が直接,折込広告を扱うのに対して,日本では新聞折込が新聞販売店の収入となる,などがあげられる。

放送局への関与　新聞は,若い世代にはなじみの薄いメディアになりつつあるかもしれないが,報道機関の

なかではとくに高い地位を占めている。日本の新聞社にその特別な地位を与えている1つの要因は、放送局に対する関係であろう。

戦後日本の民間放送（ラジオ放送）は1951年、テレビ放送は53年に始まっている。テレビ放送の開始にあたり、とくに尽力したのは、元読売新聞社社主の正力松太郎氏であった。そして、新聞社は民放のラジオ、テレビ局の立ち上げにおいては資金面のほか、人材面でもさまざまな協力を行ってきた。現在でも、全国紙、地方紙とも、テレビ局に出資している社は多い。全国紙5紙の発行本社は、読売新聞社は日本テレビ、毎日新聞社は東京放送（TBS）、産経新聞社はフジテレビ、朝日新聞社はテレビ朝日、日本経済新聞社はテレビ東京といった具合に、系列関係にある。

新聞社と民間放送局の力関係をもっともよく象徴するのが、放送局の社長人事である。2005年3月現在で、民放キー局の日本テレビの会長、テレビ朝日、テレビ東京の社長はそれぞれ、読売新聞社、朝日新聞社、日本経済新聞社の元社員である。フジサンケイグループの産経新聞社とフジテレビの関係はほかの場合と異なり、同グループの中核にはフジテレビが位置している。TBSの場合は、設立当初からさまざまな資本が入っていたのに加え、1970年代には毎日新聞社が経営危機に陥ったこともあり、毎日新聞社との提携関係は弱く、独立性が強い。

2004年暮れには、多数の新聞社が、第三者の名義を語って実質的に放送局の株を保有しており、一企業による複数の放送事業者の支配を禁じる「マスメディア集中排除原則」に違反していたことが発覚した。総務省は2005年1月、55の放送事業者に違反がみつかったと発表したが、そのうち38社は新聞社の株式保有にかかわるものであった。

なお、日本の主要な新聞社は多くの場合、放送局に出資するだけでなく、雑誌や書籍を発行する部署をもち、また、インターネット事業などを含めてさまざまな媒体を使って情報発信を行っている。この意味で、新聞社は「複合メディア企業」であるといえよう。朝日新聞社の『週刊朝日』や毎日新聞社の『サンデー毎日』など、新聞社の発行する雑誌は発行部数においては退潮傾向にあるとはいえ、鉄道の売店などに置かれ、一定の存在感を保っている。読売新聞社は1999年に、老舗の出版社である中央公論社を傘下に収め、中央公論新社としてスタートさせた。

スポーツ紙 100万部以上の大きな発行部数を有する日刊紙が複数存在する「スポーツ紙」にも言及しておこう。スポーツ紙も、全国紙あるいは有力地方紙の傘下で発行されている。プロ野球やサッカーなど、スポーツニュースを中心に芸能ニュース、そして一部ではあるが一般ニュースを掲載している。

日本新聞協会に加盟しているスポーツ紙には、全国紙の系列会社で発行されているものに『日刊スポーツ』(朝日新聞社系列)、『スポーツニッポン』(毎日新聞社系列)、『報知新聞』(読売新聞社系列)がある。また、『サンケイスポーツ』は産経新聞社が発行している。地方紙では、神戸新聞社系列の『デーリー・スポーツ』、中日新聞社が発行する『中日スポーツ』などがある。東京スポーツ社は夕刊紙『東京スポーツ』(夕刊)を首都圏で発行するほか、大阪、名古屋、福岡でもスポーツ紙を発行している。

これらスポーツ紙全体の発行部数は1990年代前半頃までは着実に伸びていたが、以後停滞し、最近は落ち込みが激しい。96年に657万部以上あった部数が、2004年には555万部に落ちている。『東京スポーツ』は9割近くが駅の売店など「即売」で売

られているが，一般新聞社系のスポーツ紙は6～9割が宅配されている。

2 新聞産業の課題と危機

大きな発行部数を誇る日本の新聞界も，現在ではさまざまな困難に直面している。ここでは，昨今の動向を中心にみていこう。

落ち込みが始まった部数　日本の新聞界の強さの根源はその大きな発行部数と高い普及率にあるだろう。しかし，近年，その部数神話にもかげりがみえてくるようになった。

戦後から一貫して増大していた発行部数は，1980年代後半から横ばいとなり，そして90年代後半から微減傾向が続いた。2004年には若干増加したものの，増加幅はわずかである。世帯数と発行部数の割合でみる「世帯普及率」では，1980年代初頭の年の1.30から減少し，2005年には1.04まで下がった（表4-2参照）。この分では，1.00を切るときもそう遠くではないかもしれない。

情報化，多メディア化の時代にあって，過去10年間にわたりほぼ横ばいの部数を保っていることは，出版産業などに比べれば健闘しているほうだという評価もありえよう。しかしながら，新聞には「誰もが読むもの」というイメージが重要である。新聞が「誰もが読むもの」というイメージを保ちえなくなったとき，急激な部数低落が始まるかもしれない。

加速する夕刊離れ　日本の新聞の多くは，朝刊と夕刊をあわせて1つの商品とする「セット販売」を行っている。2005年の部数でいえば，全体の32.6％がこれにあたる

表4-2 新聞の発行部数と世帯数の推移

	合計(部)	種類別部数		発行形態別部数			世帯数	世帯普及率
		一般紙	スポーツ紙	セット販売	朝刊単独	夕刊単独		
1993	52,433,451	46,072,744	6,360,707	19,609,860	30,780,669	2,042,922	43,077,126	1.22
1994	52,600,502	46,224,993	6,375,509	19,323,903	31,269,026	2,007,573	43,665,843	1.20
1995	52,854,538	46,511,872	6,342,666	19,192,139	31,645,109	2,017,290	44,235,735	1.19
1996	53,555,803	46,975,839	6,579,964	19,149,499	32,421,288	1,985,016	44,830,961	1.19
1997	53,765,074	47,262,982	6,502,092	18,933,926	32,841,903	1,989,245	45,498,173	1.18
1998	53,669,866	47,289,617	6,380,249	18,739,890	32,952,880	1,977,096	46,156,796	1.16
1999	53,757,281	47,464,599	6,292,682	18,460,759	33,381,465	1,915,057	46,811,712	1.15
2000	53,708,831	47,401,669	6,307,162	18,187,498	33,702,727	1,818,606	47,419,905	1.13
2001	53,680,753	47,559,052	6,121,701	18,013,395	33,862,600	1,804,758	48,015,251	1.12
2002	53,198,444	47,390,027	5,808,417	17,616,627	33,900,896	1,680,921	48,637,789	1.09
2003	52,874,959	47,282,645	5,592,314	17,464,928	33,781,260	1,628,771	49,260,791	1.07
2004	53,021,564	47,469,987	5,551,577	17,341,993	34,066,442	1,613,129	49,837,731	1.06
2005	52,568,032	47,189,832	5,378,200	17,111,533	33,927,821	1,528,678	50,382,081	1.04

(注) 発行部数は朝夕刊セットを1部として計算。セット紙を朝・夕刊別に数えた場合は、69,679,565部(2005年10月現在)。

各年10月、新聞協会経営業務部調べ。世帯数は総務省自治行政局編「住民基本台帳人口要覧」による(2005年3月31日現在)。

(出所) 日本新聞協会ホームページより。

(表4-2参照)。ところが、ライフスタイルの変化から夕刊はいらないという世帯が増えており、徐々にセット部数が落ちている。全体の部数では1997年から下落傾向が始まっているが、セット部数の下落は90年代初頭から始まっている。

そうしたなかで、夕刊を廃刊し、朝刊単独に以降する新聞が現れ始めている。有力地方紙では、『愛媛新聞』と『長崎新聞』が夕刊をやめ、2002年にはついに、全国紙の『産経新聞』が夕刊をやめて朝刊単独紙となった(大阪本社発行版は、夕刊を続けている)。

1日に2回新聞を発行するというスタイルが、記者を表面的な報道に走らせるという指摘もされ、記者活動の観点から、夕刊は

廃止すべきという提言もある。朝夕刊セットで1つの商品とすることにこだわる販売形態の妥当性が問われている。

廃刊続く地域紙　全国紙やブロック紙，県紙のレベルでは，まだ廃刊の憂き目にあった新聞はない。しかしながら，地域紙のレベルでは，廃刊や経営危機の情報も伝わってくる。

1990年代以降では，『関西新聞』(91年4月)，『フクニチ』(92年4月)，『東京タイムズ』(92年7月)，『日刊福井』(92年12月に発行本社が解散後，中日新聞社が発行を引き継ぎ，以後『日刊県民福井』に改題)，『栃木新聞』(94年4月)，『新大阪』(95年4月)，『石巻新聞』(98年9月)，『北海タイムス』(98年9月)などが姿を消した。産経新聞社の子会社が大阪で発行する夕刊紙『大阪新聞』が2002年3月に休刊，2004年5月には，鹿児島県の『鹿児島新報』が廃刊となった。

なお廃刊ではないが，『毎日新聞』の発行本社は一度，事実上の倒産の危機に直面している。毎日新聞社は借入金がかさんでも，それをさらなる借入金で補うという規律のない財務状況を続けた結果，1970年代に入ってから経営の悪化が表面化。1977年にはついに，毎日新聞社を，債務を整理する旧社と新聞発行事業を行う新社に分離し，この難局を乗り切った。

新聞は，ほとんどが宅配で売られている。ということはほとんどが注文生産であり，いわゆる販売見込みを誤って在庫を抱えて倒産するということはありえない。もちろん，印刷工場建設や輪転機増設などの設備投資には，将来の需要を見込んで多額の投資が必要となるが，注文生産が主であるという点で，経営は比較的に単純ともいわれている。

新聞経営者は，経営のプロとはいえない記者出身者がなる場合が多い。このことは，新聞の公共的使命を自覚し，運営するという意味において利点をもつが，新聞を企業体とみて近代的経営を営むという点においては不利な点となろう。

広告の危機

広告費支出全体における，新聞広告のシェアはほぼ一貫して下がり続けている。また，1975年にシェアでトップをテレビに明け渡した後も，新聞への広告支出額は増加し続けていたが，これも90年にピークを迎え，その後，下降期に入った。2005年の新聞広告費1兆377億円は，前年比で1.7％減，ピーク時の76.3％にすぎず，新聞社はピーク時の4分の1近くの広告収入減をみたことになる（図4－3参照）。

大きな発行部数をもつ新聞は，全国あるいは全県といった，広範囲にわたり一律にマーケティングをするには適しているが，逆

図4－3　メディア別広告費の推移

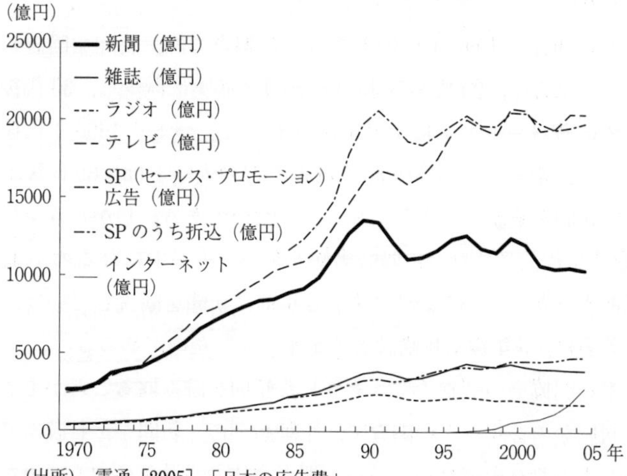

（億円）
25000
20000
15000
10000
5000
0
新聞（億円）
雑誌（億円）
ラジオ（億円）
テレビ（億円）
SP（セールス・プロモーション）広告（億円）
SPのうち折込（億円）
インターネット（億円）
1970
75
80
85
90
95
2000
05年

（出所）　電通［2005］，「日本の広告費」。

に，特定のターゲットに向けてポイントを絞った広告を打つには無駄が大きい。日本社会が高度成長を終え，消費社会が成熟し，人びとの好みが多種多様化すればするほど，広告主は特定の消費者にターゲットを絞った広告を志向するようになる。全国紙，ブロック紙，県紙といった新聞の強みである大きな発行部数が，新聞広告にとっては足かせになっているのである。その一方で，各新聞販売店が取り扱う折込広告の額は，堅調に伸び続けている。電通が折込広告の統計を公表し始めた1985年から比べると，新聞への広告支出はその間に1.17倍となったのに対し，折込広告は2.19倍に成長しており，ラジオ，雑誌をしのぐ広告媒体となっている。

若者の新聞離れ

若者の新聞離れがいわれて久しい。それを数値において的確に示すことは難しくても，新聞が，大学生を含めた若年層に読まれなくなっていることは事実であろう。

ある新聞社が1990年代後半に行った調査では，新聞を購読しない人の割合は，20代から30代にかけて確実に減少し，30代後半までに数パーセントにまで下がっていた。つまり1990年代後半までは，数パーセントを除くほとんどの人びとは，30代後半までに新聞を購読するようになっていたのである。しかし5年後の2000年代前半には，無購読者層が数パーセントになるのが40歳代前半となっていた。つまり，5年前に新聞を購読していなかった若者は，5年後も無購読者のままであったのである。

日本新聞協会の調査でも，そうした傾向を読み取ることができる。同協会の2年ごとの調査で，年齢層別に「新聞を毎日読んでいる」人の割合を調査している。調査全体の設計が途中で変更さ

れているので単純比較はできないが，1990年代には70%を超えていた30歳代の「新聞を毎日読んでいる」層は，2001年，2003年の調査では，62.9%，63.6%となっていた。20歳代では，1980年代後半には60%程度が「毎日読んでいる」と回答していたが，2001年と2003年の調査ではそれぞれ44.7%，47.0%に落ち込んでいる。長期的にみて，新聞を読まない人の割合が20歳代だけでなく30歳代にも広まっていることが窺える。

インターネットの普及　インターネット事業では，日本では朝日，毎日，読売の各社が1995年にニュースサイトを開設し，現在では，ほとんどの新聞社が何らかの形でニュースをインターネット上で流している。部分的にでも，インターネットでニュースを無料で読めるようになれば，新聞購読を止める人が増えそうなものだが，内外のさまざまな調査では，「インターネットのせいで新聞が読まれなくなった」ということを示すデータはほとんどないようだ。

日本で行われた，インターネットの利用と新聞閲読の関係を示す調査でも，インターネットをよく利用する人は格別，新聞閲読をしないわけではないことが示されている。東京大学の橋元良明教授が2002年，全国12歳以上74歳以下の男女2333人からの回答を得た調査によると，「インターネットを頻繁に利用する人ほど，新聞を読む時間も長い」という結果が示されているという（橋元［2005］，15〜17頁）。

また，世界のメディア界では，買収，合併などによる集中化（コングロマリット化）が顕著であるが，日本の新聞社は，他社からの敵対的企業買収にさらされにくい構造になっている。というのも，日本の新聞社は商法に基づく特例法によって，定款で定

めることによって株式の自由な移動を制限することができるからである。

フリーペーパーの脅威

インターネットの普及が，少なくとも当面は新聞に壊滅的打撃を与えるものではないことがわかり始めた20世紀の終わりに，既存の新聞社にとっての脅威として広く認識されたのは「フリーペーパー」であった。

地下鉄の駅などで無料配布して広告収入から利益をあげるフリーペーパーは，以前からさまざまな形で存在していたが，本格的なニュース媒体として発刊されることはまれであった。ところが，スウェーデンのメディア企業，モダン・タイムズ・グループが1995年2月，同国首都ストックホルムで，一般ニュースを掲載した日刊フリーペーパー『メトロ』を創刊した。ストックホルムにおける地下鉄路線は非常に単純で，公共の交通機関としては地下鉄が圧倒的に多数の利用者を得ていた。このため，駅構内での独占的な頒布権を得て無料配布した同紙は，読者を広く獲得することに成功した。『メトロ』は，その国際的事業展開を引き継いだメトロ・インターナショナルによってイタリア，オランダ，フランスなどのヨーロッパ諸国に進出，さらに，アメリカのニューヨーク，フィラデルフィア，ボストンなどでも発行されることになる。

『メトロ』のストックホルムでの成功をみて，また同紙の進出に対抗するためにも，フリーペーパー・ビジネスに参入する新聞社が相次いだ。イギリスでは，有力新聞グループ「アソシエーテッド・ニュースペーパーズ」が，1999年3月にロンドンで，『メトロ』の題号でフリーペーパーを創刊した。アメリカでは，やはり新聞社大手のトリビューン社が2002年以降，シカゴ，ボスト

ン，フィラデルフィア，ニューヨークなどでフリーペーパーを発行している。

もっとも，交通機関が複雑になればなるほど，このビジネスは難しくなる。たとえば，地下鉄の駅が増えれば，すべての駅で配布しようとすればそれだけコストがかかるし，複数の会社が地下鉄などの鉄道網やバスを運行していれば，各社と交渉して，それぞれと契約しなければならない。契約に失敗すれば，それだけ，読者に到達する可能性が低くなり，広告媒体としての価値は下がる。

フリーペーパーの波は日本にもやってきた。日本では従来，フジサンケイグループのサンケイリビング新聞社が1971年に創刊した『リビング新聞』（週刊）がフリーペーパーの代表であった。生活情報を広く掲載して，仙台から鹿児島まで全国59エリアで約840万部を配布している（ABC協会の2004年下半期のリポートによる）。他の新聞各社も本紙に取り込めないような広告主を獲得するため，さまざまな形でフリーペーパーを発行している。しかし，これらは新聞が扱わない情報を掲載するもので，既存の新聞と競合する媒体ではなかった。

これに対して，東京で一般ニュースを掲載する日刊フリーペーパー『Headline Today』が2002年7月，創刊された。しかし，経営的にうまくいかなかったようで，同年の11月には『Tokyo Headline』と題号を変え，週刊紙となった。

日本で成功している，一般記事を掲載した日刊紙のフリーペーパーとして知られているのが，北海道・北見市で1983年に創刊された『経済の伝書鳩』である。自社の記者が地元の話題を細かく取材し掲載するほか，時事通信社からの配信を受けて中央のニ

ュースを掲載し、テレビ欄も設けている。日本 ABC 協会の 2004 年下半期のレポートによると、北見市や網走市などで 8 万部以上が配布されている。北見市では、同紙 4 万 7000 部に対して、北海道新聞は 2 万部、北海道新聞に全国紙 5 紙を足しても 3 万部である。

まだフリーペーパーが既存の有料新聞に壊滅的な影響を与えるとはいいきれないが、販売収入を主な収入源とする新聞社にとって大きな脅威であることは間違いない。

3 課題と危機への対応

新聞社が、前節でみたような課題や危機に、どのように対応しようとしているのかを見てみよう。

総合情報機関としての新聞 　新聞は、情報を提供する情報産業としての側面と、新聞を印刷して配達する（販売店に新聞を届ける）という製造・物流会社としての側面をもっている。そして、新聞社は「情報」で勝負すべきであると考えるならば、新聞社を新聞以外にさまざまなメディアを通じて情報発信する「総合情報機関」に改変していこうとする努力は当然かもしれない。

新聞のもっている「情報」という強みを認識し、早くから「総合情報機関」化を打ち出した新聞社は日本経済新聞社だった。

同社は 1970 年に電子メディアの先駆けとして、コンピュータによる経済情報サービス「NEEDS」を開始、翌年には国内の証券会社らと協力して、株式などの相場情報を電子メディアで提供する市況情報センター（87 年に QUICK に改称）を設立した。

1984年にはパソコンによるオンライン情報サービス「日経テレコン」を開始するなど、コンピュータを基盤とした情報化に積極的に取り組んできた。

日本経済新聞社の2004年1～6月までの業績を示す半期報告書によると、同社の子会社などを含めたグループ全体の売上高は全体で1892億4500万円だが、このうち、情報関連事業は330億7700万円で約17％を占める。

このように「総合情報機関」化を進めているといっても、新聞社の収益の大部分は紙に印刷された「新聞紙」からの収入であることには変わらない。日本経済新聞社でさえ、先の半期報告書では、新聞関連事業の売上高は1151億3500万円で約60％を占める（出版関連事業は340億7000万円で約18％）。

インターネットへの取組み　現在、新聞にとって大きなチャンスであり、脅威でもあるのがインターネットであることに異論はなかろう。そこで、新聞社のインターネット事業について見てみよう。

日本新聞協会の機関誌『新聞研究』（2004年7月号）では、1995年に始まった新聞社のインターネット事業の10年間を振り返る、全国紙5社の担当者座談会が企画された。そこでの議論をみると、人件費を含めて考えた場合、新聞社のインターネット・ビジネスはまだ収益をあげていないことを確認できる。新聞社は当初、海外の例にならって、インターネットにニュースを無料で流し、広告によって収益をあげるというビジネスモデルを考えた。しかし、それが機能しないことが10年間の経験からわかり、新聞社は有料サービスなど、新しい事業のあり方を模索している段階だ。

インターネットへの対応は,社によって異なる。たとえば,毎日新聞社は,以前は自社のサイトでニュース速報を行っていたが,2004年4月から,世界的なコンピュータ・ソフトウエア企業マイクロソフトが運営するMSNにニュースを提供,自社のニュースサイトは閉鎖してしまった。毎日新聞社のMSNへのニュース提供は,他の企業と提携して,互いの強みを生かしながらシナジー(相乗効果)をあげていくという戦略だろう。

インターネットでの有料サービス　広告によってインターネットで収益をあげられないならば,新聞社としては有料サービスを開発する必要があると考えるのは自然な流れだろう。データベースのサービスなどもこれにあたる。

1つの方法は,紙の新聞と同じものをインターネットで提供して,それに課金をするということだろう。しかし,新聞とインターネットは違うメディアである。このため,インターネットでニュースを流す際には,インターネットに適したかたちにしないと読者はついてこないということも,かねてから指摘されていた。

産経新聞社は2001年10月,新聞紙面のデータを契約者に配信し,ユーザーのパソコン上で紙面の形式を再現できる「ニュースビュウ」のサービスを開始し,注目を集めた。同サービスは,紙面の一部を拡大して画面に表示する機能や,検索機能を付与して,紙の新聞よりも安い価格で提供したが,2005年3月でサービス中止となった。同社は2005年10月から,月額315円という格安価格で新しい電子新聞サービスを始めている。

共同通信社,時事通信社などのように,他社のポータルサイトにニュースを配信する社もある。これは直接読者に課金するものではないが,間接的にインターネットでのニュース配信から収益

をあげる方法であろう。

有料サービスの数少ない成功事例としてあげられるのが、携帯電話向け情報提供のサービスである。全国紙発行の各社は、月額105～315円といった少額ではあるが課金サービスを行っている。朝日新聞社はそのブランド力を利用して多くの契約者を獲得、2002年8月には100万人以上のユーザーを獲得したという。

もっとも、携帯電話の課金サービスで成功したといっても、月額数百円程度では、情報収集の段階から編集に至るまでのすべての費用をカバーできるほどの収益になるはずがない。あくまで新聞という、月額4000円程度の購読料を徴収できる媒体があってはじめてできる、付加的なサービスである。

インターネットの活用　現状では、インターネットから直接利益を得ることが難しいが、新聞になじみのない潜在的読者を新聞に誘導する媒体としてインターネットを利用するという考え方もある。携帯電話での有料サービスの課金料金が低くとも、このサービスを通じて、新聞購読者になってもらえればマーケティング費用としては安いのかもしれない。

慶應義塾大学の学生がつくる『慶應塾生新聞』(2005年6月8日)で、朝日新聞社ウェブサイト「アサヒ・コム」の大西弘美・編集長は、携帯電話やインターネットでのニュース・サービスと紙の新聞の関係について次のように語っている。

「朝日新聞の読者調査とアサヒ・コムの読者調査で読者の世代構成を見ると、丁度それぞれの山がずれています。一番上の世代が新聞紙、四・五十代がアサヒ・コム、携帯が二・三十代となって、購買力のある二十代から高齢者までをカバーできる。……ブランドとして全体をカバーしていくという意味で、新聞

社が手段として携帯でニュースを発信していくのは，若い読者の獲得に有効だと思います。」

また，新聞社はかねてから，長期間購読する読者へのサービスが足りないと指摘されてきた。インターネットを利用して，この部分を補完しようとする社もある。

朝日新聞社は2004年10月から，インターネット上で「アスパラ・クラブ」という会員サービス（無料）を始めた。『朝日新聞』の購読期間が1年以上か，1年未満か，あるいは購読していないか，の3段階に会員の種類を設定し，サービスに差をつけている。長期にわたり『朝日新聞』を購読している読者へのサービスを充実させることで既存の読者を囲い込むと同時に，読者のデータを本社に蓄積してさらなるサービスの充実に生かし，また新規読者の獲得につなげることをねらっている。

朝日新聞社に限らず，無料の情報提供サービスにも，会員登録を求める新聞社のサイトは多い。利用者の特性などを把握して，新たなビジネスにつなげていくためであろう。

なお，日本新聞協会の調査（2006年1月）によると，「携帯・固定端末向け情報提供」を行う社は，回答社86社中63社。ブロードバンド時代の到来と，新聞と映像メディアとの融合をにらんで動画コンテンツを提供しているのは34社であった。

著作権　新聞社がその財産である情報を守るために，著作権保護の取組みを強化することは当然の成り行きであろう。

著作権法の第10条第2項では，「事実の伝達にすぎない雑報及び時事の報道は…著作物に該当しない」と記されており，さらに，第39条には「新聞紙又は雑誌に掲載して発行された政治上，経

済上又は社会上の時事問題に関する論説（学術的な性質を有するものを除く。）は，他の新聞紙若しくは雑誌に転載し，又は放送し，若しくは有線放送することができる。ただし，これらの利用を禁止する旨の表示がある場合は，この限りでない」とある。

　この条文だけを読むと，特別な断り書きがない限り，新聞記事には著作権はいっさいないようにもみえる。しかしながら，判例によって新聞の記事および写真の大部分には著作権が認められることとなっている。第10条でいう，著作物にあたらないものとは，訃報や人事記事などの，きわめて創作性が低いものを指す。第39条の「論説」とは，いわゆる「社説」のことである，と解釈されている。このように，きわめて限定的な法律解釈に基づいて新聞記事に著作権が認められるようになったのは，新聞社が自分たちの資産価値を守るために，法廷等で争ってきた結果である。

　こうしたなかで，複数の社で協力して，新聞の著作権を守ろうという動きもある。

　朝日新聞社，毎日新聞社，読売新聞社，産経新聞社などの新聞社は2002年6月，新聞著作権協議会を設立した。同協議会は，コピーに関する著作権処理を一括して行う日本複写権センターに業務委託し，同センターを通じて，新聞記事や写真をコピーして使う企業などから使用料を徴収している。同協議会の会員は2005年7月現在で，上記全国紙や有力地方紙発行社など66社にのぼっている。

　一方で，自分たちの著作物の著作権は，あくまで自分たちの社で守っていこうという姿勢の社もある。日本経済新聞社は紙面等を通じて，「日経は著作権を自ら管理しており，新聞記事を複製利用するには，日経の事前の許諾が必要です。原則として使用料

を頂いています」と呼びかけ，業務上必要なコピーやクリッピングを行う際は，同社に連絡するよう求めている。

新聞離れへの対応＝NIE　若い世代の新聞離れがいわれるなかで，将来的な読者を育てていこうとする取組みとして，「NIE（newspaper in education；新聞に教育を）」活動がある。新聞を学校教育のなかで使ってもらおうという運動で，アメリカで1930年代に始まり，現在ではヨーロッパも含めて世界各地で行われている。日本では，日本新聞協会のイニシアティブで，1985年に開始された。

同協会は教育界や新聞界へのPR活動を経て，1989年から，新聞を学校に無料で提供する「パイロット計画」をスタートさせた。2004年6月までに，新聞界，学校，行政などでつくるNIE推進組織が42都道府県で設置されるなど，徐々に教育現場に浸透している。また，各社ごとの取り組みも進んでおり，紙面にNIEコーナーを設けている社も少なくない。

4　報道機関の使命と新聞ビジネス

冒頭に述べたとおり，本書はメディアの「産業」的側面に焦点を当てているので，新聞が果たすべき「ジャーナリズム」の使命なども含めて，紙面内容（コンテンツ）の側面には言及してこなかった。しかし実際には，コンテンツに対して消費者は対価を支払うのであり，コンテンツと産業とを切り離すことはできない。

新聞各紙では，新聞は「硬い」「読みにくい」といった声を受けて，わかりやすく，読みやすい紙面づくりを進めている。また，一方的な情報発信に終わらないよう，読者との「対話」「双方向

性」を生かした紙面づくりをする試みも進んでいる。速報機能がテレビとインターネットによって奪われていくなかで，解説機能を充実させる傾向も顕著である。

しかし，新聞の価値はその報道機能にあり，権力の監視などといった本来の使命を果たしえなくなったら，テレビや雑誌などの娯楽機能に長けたメディアとの競争に勝てるはずがなかろう。

日本の新聞については，「権力と癒着して十分に批判していない」などという声も聞かれる。しかし，そうした議論に反論するだけの事例は近年でも事欠かない。たとえば，2004年の「新聞協会賞」を受賞した『北海道新聞』の警察の裏金疑惑に関するキャンペーン報道は，地元警察の腐敗を暴き，長期にわたって取材，報道したことで，ついには北海道警に一定程度の否を認めさせたものであった。単発のスクープではなく，長期にわたり権力と対立しながら，その不正を追及する取材，報道は，確固たる読者層を広く確保している新聞だからこそできることであろう。報道機関本来の使命に則した報道を続けていくことこそが，新聞をビジネスとしても存続，発展させていくであろう。

《参考文献》

桂敬一［1990］，『現代の新聞』岩波書店。
下山進［1999］，『勝負の分かれ目』講談社。
中馬清福［2003］，『新聞は生き残れるか』岩波書店。
橋元良明［2005］，「現状はニュースサイトと補完関係――利用動向調査から読む新聞への影響」『新聞研究』642号，日本新聞協会。
本郷美則［2000］，『新聞があぶない』文藝春秋。
山本武利［1973］，『新聞と民衆』紀伊國屋書店。

*Column*④ 新聞産業への新規参入

かつての「県紙」が消滅した滋賀県で2005年4月に創刊された日刊紙『みんなの滋賀新聞』（朝刊）が同年9月，創刊から半年をもたずに休刊となった。発行元の「みんなで作る新聞社」は，一部上場企業「オプテックス」など，地元財界が出資して設立したものだが，新聞市場への新規参入の難しさを改めて印象づける結果となった。

滋賀県では，京都新聞社が1956年，『滋賀日日新聞（旧滋賀新聞）』の発行を引き継ぎ，79年に『滋賀日日新聞』が休刊，以来，滋賀県域の地元日刊紙が存在しなかった。このため読売，朝日，毎日といった全国紙と，『京都新聞』『中日新聞』が主に購読されていた。

一般日刊紙市場への新規参入は容易ではない。新聞発行に行政の許認可等は不要だが，朝刊であれば毎日，早朝に発行するための制作・印刷設備を確保し，さらに宅配するための販売網を整備しなければならない。これには多大なコストがかかる。

さらに，創刊後は既存の新聞との激しい競争が待っている。

最近の新規参入では，北海道・函館で函館新聞社が1997年1月に創刊した『函館新聞』の例がある。その際には，北海道新聞社が『函館新聞』の題字を商標登録出願するなど，市場を守るためのさまざまな方策をとった。その後1998年2月に，北海道新聞社は公正取引委員会から，同社の行為が独占禁止法第3条（私的独占の禁止）の規定に違反するとして，妨害行為をやめるよう勧告を受けている。

妨害行為は抜きにしても，新規参入紙が，紙面づくりのノウハウを蓄積し，読者との信頼関係を培ってきた既存紙との競争に打ち勝つのは容易ではない。滋賀県でも，既存紙は県内のローカル版などを創刊して，読者のつなぎとめを図っていた。

第5章

出 版

(三省堂書店神田本店)

出版界は構造不況業界といわれるようになった。再販売価格維持制度や委託販売制度といった独自の慣行を維持して成長を続けてきた出版界だが，1990年代半ばから長期低落傾向に入った。抜け出す道はまだみえない。小規模な書店の閉鎖も目立つ。オンライン書店の成長や新古書店の進出，無料で配布されるフリーマガジンの台頭，さらには競争政策を進める行政からの圧力もあり，出版界も構造的な転換期にさしかかっているのだろうか。

出版産業を特徴づけるのはその多様性である。少部数の自費出版のものから、100万部以上を売り上げるベストセラーまで、また、形式においても単行本から週刊誌、漫画、分冊百科など多様である。免許事業の放送と異なるのは当然だが、出版産業には（新聞と同様）、他産業には当然に存在する監督官庁も存在しない。新聞産業は配達網の構築などにコストがかかり新規参入は難しいが、出版社は「電話1本と机1つでできる」といわれるほど小規模な形態から出発できる。

　このような多様性によって特徴づけられる出版産業の全体像を、①日本の出版産業の構造的特徴、②昨今の出版産業の動向、③出版業界の出版不況への対応、という3つのテーマに沿って概観する。

1 日本の出版産業の構造的特徴

　2005年の『出版指標年報』によると、2004年の出版産業全体の推定販売金額は書籍9429億円、雑誌1兆2998億円で、合計2兆2428億円である。これに雑誌向けの広告費（3945億円）をたしても、2004年度のNHKの受信料収入（約6410億円）の4倍程度だ。トヨタ自動車の単体での2004年度の売上高9兆2184億円にははるかに及ばない。出版産業は新聞産業と同様、産業の規模としては決して大きくない。

　出版産業を、書籍や雑誌の生産過程と流通過程に分けてみた場合、生産過程の主なアクターは出版社と編集プロダクションであり、流通過程の主なアクターは「本の問屋」である取次会社、および書店やコンビニエンスストア（CVS）などの小売業者である。

まずは、出版産業の生産過程と流通過程という観点から、出版産業の構造的特徴を概観しよう。

1 出版の生産過程

**小規模な出版社が
ひしめく業界**　2005年の『出版年鑑』によると、日本には4260の出版社が存在する。出版社の東京一極集中ははなはだしく、全体の77.8%（3315社）が東京にある。

出版社は個人の思想や理念を動機として創業される場合も多く、また、特別な許可なく誰でもが創業できるため、小規模出版社が多い。従業員数でみても10人以下の出版社が2217社（52.0%）を占めている。11～50人が23.5%。1000人を超えるのは1.1%、201～1000人も2.7%である。中小企業基本法において「中小企業」とは、「資本金3億円以下又は常時使用する従業員300人以下の製造業、資本金5000万円以下又は常時使用する従業員100人以下のサービス業」などを指すので、出版社の大部分は中小企業に属するといえる。文藝春秋や新潮社のような著名な出版社でも、文藝春秋は資本金1億4400万円、従業員数約370人、新潮社は同1億5000万円、約380人にすぎない。硬派の出版社の代表格である岩波書店は、資本金9000万円、社員約220人である。

もっとも、この4260社のなかには休眠状態の社も多いようだ。出版点数でいえば、4260の出版社のうち、4分の3以上は、年間に10冊未満の新刊しか出していないともいう。一方で、講談社のように年間2000点以上の出版物を刊行する社もある。

売上高（2003年）でみると、上位5社が、全体の22.1%を占める。上位50社の売上高は51.3%で、出版社全体の売上高の半

図5-1 全出版社売上額順位とその内訳

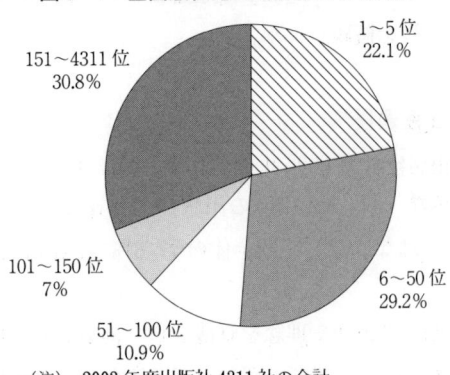

- 1～5位 22.1%
- 6～50位 29.2%
- 51～100位 10.9%
- 101～150位 7%
- 151～4311位 30.8%

（注）2003年度出版社4311社の合計。
（出所）日本書籍出版協会編［2005］から作成。

分以上を占めてしまう（図5-1参照）。

また、日本経済新聞社が毎年発表している業界別の市場占有率によると、出版販売額に広告費を加えた2004年のデータでは、リクルートの市場占有率が14.5%、ベネッセコーポレーションが7.9%、講談社5.7%、小学館5.5%、集英社4.9%となっている。5社の占有率合計は38.5%になる。なお、一口に出版社といっても、業務内容は多様で、就職求人誌やフリーマガジンを発行するリクルートは、出版社に含めないことが多い。経済雑誌『週刊ダイヤモンド』がまとめた法人申告所得ランキングによると、2004年の出版業界の申告所得順位は、①ベネッセコーポレーション（147億3500万円）、②ぎょうせい（117億4500万円）、③新日本法規出版社（73億2700万円）、④集英社（72億9400万円）、⑤小学館（64億2800万円）の順となっている。

書店最大手の紀伊國屋書店の2004年出版社別売上（書籍と雑誌の双方を含む）では、講談社、小学館、集英社、新潮社、角川

書店の順になっている(『文化通信』2005年2月21日)。大手の出版社として一般にイメージされるのは、これらの出版社であろう。週刊誌、月刊誌に通常の単行本、新書などさまざまな形態の出版物を手がけるこれらの出版社は総合出版社と呼ばれ、雑誌の連載を単行本化するなどの、メディア・ミックス効果を生かした事業を展開できるのが強みだ。

なお、一般に大手出版社の賃金水準は他産業と比べて高く、また、収益性も非常に高いとの分析もある(植田[2004]、120～121頁)。

編集プロダクション 　出版物の生産過程で、出版社と同様に重要な役割を果たしているのが編集プロダクションである。編集プロダクションには大手出版社などの系列に属するものと独立系のものがあるが、いずれも出版社や一般企業などから委託を受けて、出版物の企画・制作などを行うことには変わりない。プロダクションごとに得意の分野をもっており、①雑誌や実用書などの一般書、②学習書や教材、③一般企業や広告代理店等の広報関係、④音声や視聴覚、CD-ROM 等の電子メディア、などの活動領域がある。

編集プロダクションの数については、編集プロダクションの事業者団体「日本編集制作会社協会」の理事長は、「東京だけでも1000～1500社、地方を含めると2000社近くあると推定されている」と述べている(2004年7月号の同協会会報での発言)。しかし、小規模なプロダクションが日々、生まれては消えているので、正確な数の把握は難しい。

日本では、編集プロダクションは1950年代に美術全集や百科事典の発行が盛んになった時期に台頭し始めたという。かつては、

取材や執筆だけ,編集だけといった,編集過程の一部を受け持つ形態が中心であった。しかし,出版社が経営の合理化を迫られる厳しい経済環境のなかで,編集・制作のノウハウを蓄積し,小規模で小回りのきく編集プロダクションの役割は高まっている。企画を出版社に持ち込んでその後の編集・制作業務全般を請け負ったり,総合的に本づくりをコーディネートしたりする編集プロダクションも珍しくない。

編集プロダクションは一般に,出版社以上に小規模である。系列に入っている社のなかには,かなりの規模のものもあるが,編集にかかわる業務だけでなく,キャラクターの著作権ビジネスなども行っている小学館系「小学館プロダクション」でも,従業員数は343人である。独立系では業界大手のアーク・コミュニケーションズでさえ,従業員数は65人だ(2005年3月現在の両社ウェブサイトでの記載による)。

しかし,規模が小さいということは質の悪さを意味しない。規模の小ささを補うために,編集プロダクションはプロダクション間のネットワークを通じて,各社の得意分野を生かして協力し合いながら,制作を進めるという。編集プロダクションは小規模であるがゆえに,時代の変化に柔軟に対応でき,出版界を底辺で支えているといえるだろう。情報化のなかで,出版のスタイルも紙媒体から電子媒体へと広がるなかで,編集プロダクションの活動領域はさらに広がりをみせそうだ。

2 出版の流通過程

寡占的構造の出版流通 　出版物は,流通して人びとの目に触れるようになって初めて社会的に意味をもつ。出

版物の流通段階を担っているのが取次会社である。取次会社とは，書籍・雑誌などの出版物を出版社から仕入れ，書店やコンビニエンスストア（CVS）などの小売に卸売りする「本の問屋」である。しかし，出版産業における取次会社は，一般の「問屋」とは異なる独特で，重要な役割を果たしている。

取次会社の事業者団体「日本出版取次協会」に加盟している社は33社。このうち，トーハンと日本出版販売（日販）の2社が最大手である。このほか，大阪屋，栗田出版販売，太洋社，中央社，日教販などが主要取次と呼ばれる。しかし売上高でみると，この7社合計の売上高のうち，トーハンと日販だけで約85%を占めており，上位2社の寡占的構図が浮かびあがってくる。

取次会社は，書店の規模や売行き傾向に応じて雑誌や新刊書籍を書店に送る。これを「配本」という。「配本」のシステムがあることによって，書籍の製造元である出版社や，書店などの小売は，市場の動向などを把握していなくても，書籍や雑誌を流通させ，あるいは店頭に並べることができるのである。

このような大規模な書籍・雑誌の流通を可能にする日本の取次システムもよいことばかりではない。「配本」とは，売り手側が一方的に，「売りたい商品」を小売に届ける側面もある。そうした「配本」中心のビジネスでは，個々の読者（消費者）の注文への対応がおろそかになろう。実際に，書店で本を注文すると，1カ月以上待たされることもあり，出版流通に対する批判を招いていた。これは，出版の世界が多品種少量生産で，産業規模としては比較的小規模であることから，ある程度やむをえないことである。しかし多品種少量生産の書籍も一点ごとに管理できる情報基盤が整い，また，CVSなど各種産業でポスシステムによる商品

の単品管理が一般化してくるなかで、書店や取次は、個々の注文に迅速に対応することが求められている。

取次会社の機能は、商品供給のほかにもさまざまな機能をもつ。そのなかでも重要なのが、商品代金を書店から集金して出版社に支払う「金融機能」である。取次会社はこのほかにも、出版社や書店へのマーケティング情報やコンサルティング・サービスの提供など、さまざまな機能を担っている。このため、インターネットが普及して、出版社と小売が直接連絡を取り合うことが容易になっても、取次会社の機能が不要になることはないようだ。

書店とCVS 小売の形態ごとに、販売額とそのシェア（2003年）を見てみると、書店で販売される「書店ルート」が1兆4925億円で全体の64.4％を占め、次いで多いのがコンビニエンスストアの「CVSルート」5178億円（22.3％）である。このほか、私鉄、JRの駅売店や生協などで、書籍・雑誌が販売されている（日本書籍出版協会編［2005］、300頁）。

経済産業省の「商業統計」によると、2002年度の調査で「書籍・雑誌小売業」に含まれる店舗は2万2688店である。ピークであった1988年には2万8216店となっており、当時から一貫して減少している。一方で、書店の売り場面積は、同年が216万8149平方メートルであったのに対して、2002年には368万1311平方メートルへと増加している。これが意味しているところは、書店の大型化である。街の駅前の小さな書店がつぶれる一方、駐車場などを整え、AVレンタルなども扱う郊外型書店が増え、また、都市部では大型書店の出店が増加している。日本の出版産業は、書籍と雑誌の双方を扱う比較的小規模な小売店がきわめて多いという特徴をもっていたが、これが変化しつつあるといえる。

書店の経営は，CVSやオンライン書店の台頭，図書館における品揃えの充実や漫画喫茶，新古書店の増加など，さまざまな要因によって厳しい状態にある（後述）。

　CVSの書籍雑誌売上額は，セブンイレブンが1804億円，ローソンが874億円，ファミリーマートが573億円などとなっている。セブンイレブンの書籍雑誌売上高はすでに書店最大手の紀伊国屋書店の売上高を上回っている。また，セブンイレブンの年間総売上額が2兆3431億円，ローソンが1兆2850億円，ファミリーマートが9544億円だから，各CVSの総売上高において書籍雑誌の売上高が占める割合は，6～8％程度ということになる（日本書籍出版協会編［2005］，301～303頁）。

再販制度・委託制度　一般に小売業者は，仕入れた商品について自由に価格設定をできる。メーカーは小売業者に対して，特定の商品を特定の価格（定価）で売ることを義務づける契約を結ぶことはできない。ところが，書籍や雑誌の場合，法律によって，メーカー（出版社）と小売業者のあいだで，定価販売の契約を交わしてよいことになっている。このような流通制度を「再販売価格維持制度」（再販制度）という。また，一般に書籍・雑誌の場合，出版社は小売業者に対して，書籍・雑誌の販売を委託しているという関係にある。つまり，小売側は多くの場合，一定期間以内であれば売れ残った商品を返品することができるのである。このようなシステムを委託販売制度と呼ぶ。

　再販制度に基づいた定価販売と委託販売が，出版流通制度の基本である。定価販売と委託販売は大正時代ごろから慣行として行われていた。戦後は独占禁止法によって，出版物は再販売価格維持契約を結んでもよい例外的な商品（法定再販商品）であること

が認められた。

委託販売のシステムによって、書店は比較的小資本で商品を仕入れ、販売できるし、また在庫を抱えて倒産、というリスクも避けられる。こうしたシステムが存在することによって、比較的小規模な書店が数多く存在することができたのである。

もっとも、再販制度と委託制度に基づく日本の書籍流通制度には課題も多い。近年、書籍の返品率は35～40％程度（雑誌は30％前後）で推移しており、産業全体にとっては非常に大きなコストとなっている。

委託販売には、新刊書籍に関する「新刊委託」、既刊本を交渉によって長期販売する「長期委託」、出版社と書店が契約して1年間寄託して売れた商品を補充する「常備委託」などの区別がある。このほかに、返品を認めない買いきり品もある。

新刊委託は一般に返品までの期限が4カ月であるため、小さな本屋には、返品の期限を過ぎた書籍は置かれにくい。しかも、委託販売といっても、書店はいったん本を買い取って販売し、売れ残った分を返品して代金を回収する、というシステムになっている。このため、資金繰りに苦しい出版社は新刊を出して当座の資金を得ようとすることから新刊本が増える。一方で資金繰りに苦しい書店は、新刊と相殺する分を増やそうとして積極的に返品を行い、新刊を店頭に並べることすらせず返品する「金融返品」といわれる現象も起こる。こうして返品が増大し、業界全体としては多大なコストが生まれる。また、委託販売に甘んじて、書店が品揃えを取次会社の配給に頼れば、取次市場が寡占的である以上、書店ごとの個性は乏しくなる。

こうしたことから、息の長く売れる良書が店頭に並びにくいと

か，どの本屋も同じような品揃えをしている，などの批判が出てくる。また，再販制度によって値引き販売ができないので，書店は営業時間の延長など，限られた選択肢のなかで競争するほかなくなり，それが書店経営を難しくしているという指摘もある。

公正取引委員会は，1990年代に，競争政策の観点から新聞や書籍等の再販制度見直しの方向性を打ち出していたが，各業界などの反発にも遭い，98年3月，公取委は再販制度を当面存置するとの結論を出した。なお，フランス，イタリア，オランダ，スペイン，ノルウェー，デンマーク，韓国などは書籍，ドイツは書籍・雑誌・新聞の再販制度を認めているという（日本出版学会編[2004]，23頁）。

2 出版産業の動向

本節では，出版産業の昨今の動向について，出版物の形式ごとに説明しよう。

構造不況業種としての出版産業 1990年代中頃まで，出版産業は景気に左右されず成長し続けてきた。そうした時代は過ぎ，出版産業はもはや構造不況業種ともいえる。90年代後半から，景気の波とは無関係に，売上が下落し続けているからである。

出版科学研究所が発行する『出版月報』2006年1月号によれば，2005年の出版物（書籍・雑誌の合計）の推定販売金額は前年比2.1％減の2兆1964億円となった。2004年には，実に1996年以来8年ぶりに出版物の売上が前年を上回ったものの，2005年には再び減少に転じた。

表5-1 出版物の推定販売金額

年	書籍（億円）	雑誌（億円）	合計（億円）	比率
1995	10,470	15,427	25,897	97.5
1996	10,931	15,633	26,564	100.0
1997	10,730	15,644	26,374	99.3
1998	10,100	15,315	25,415	95.7
1999	9,936	14,672	24,608	92.6
2000	9,706	14,260	23,966	90.2
2001	9,456	13,794	23,250	87.5
2002	9,490	13,615	23,105	87.0
2003	9,056	13,222	22,278	83.9
2004	9,429	12,998	22,428	84.4
2005	9,197	12,767	21,964	82.7

(注) 比率は1996年の合計を100としたもの。
(出所) 『出版月報』2006年1月号から作成。

ピークの1996年の額を100とすれば、2000年には約90に下がり、2005年は、約83と、17％以上も下落している（表5-1参照）。

このような長期間の低下傾向は、さまざまな要因によって説明される。

まず、日本全体の景気低迷が、読者（消費者）の購買意欲を低下させたことがあるだろう。また、若者人口が減少したうえに、いわゆる活字離れが進んでいる。情報化・多メディア化社会においては、インターネット、携帯電話などに多額の出費を強いられ、また若者を中心に活字媒体よりも情報機器を好む人びとが増えていることもあろう。さらに、新古書店や漫画喫茶が増加したことによって、本屋で書籍を買う必要が減った。図書館の影響を指摘する声もある。

書　籍　書籍の売上高を対前年費でみると、2002年は6年ぶりにプラス、2003年は4.6％のマイナス、2004

年は4.1%のプラス, 2005年は2.5%のマイナスとなっている。書籍に関しては, 年ごとに上がり下がりの振幅が大きい。これは, その年の一部のベストセラーによって全体の数字が大きく左右されるからである。

一方で, 書籍の新刊点数を見てみると, 売上と異なり一貫して増加傾向にある。1999年の新刊書籍点数は合計で6万5026点, それに対して2004年は7万4587点だった。その一方で, 書籍新刊の推定発行部数は, 1999年が4億1900万部, 2004年が3億9636万部, 推定発行金額は99年が4975億1100万円, 2004年が4823億7500万円と, 減少傾向にある。言い換えれば, 書籍は多点少部数化の傾向にある。そのなかで, その傾向に一見矛盾するかのようなメガヒットが, ぽつりぽつりと出ているのが現状である。

雑　誌　ごく一部のベストセラーによって全体の売上が左右される書籍の場合と異なり, 雑誌には出版界の長期低迷ぶりがより直接的に反映されている。

雑誌は発行頻度によって, 週刊誌と月刊誌に大別される。2005年の雑誌の推定販売金額は月刊誌・週刊誌合計で1兆2767億円, 前年比1.8%減（月刊誌0.1%減, 週刊誌7.1%減）となった。雑誌は8年連続のマイナス成長である。販売部数でみると, 月刊誌・週刊誌合計で前年比3.3%減の28億7325万部。月刊誌が1.5%減（18億9343万部）であるのに対し, 週刊誌は6.6%減（9億7982万部）と落ち込みが激しい。

雑誌は部数, 売上だけでなく, 広告でも苦戦している。電通が毎年発表する「日本の広告費」によると, 雑誌に対して支出される広告費は, 1997年の4395億円をピークに, 多少の波はあるも

のの，全体として下降傾向にある。2005年の日本の総広告費は5兆9625億円で，前年比1.8%増であったが，雑誌は対前年比で0.6%減の3945億円だった。その一方で，1996年には16億円であったインターネット広告費はラジオの広告費1778億円を抜いて2808億円となり，着実にシェアを伸ばし，雑誌に近づいている。なお，2005年の「総広告費」に占める雑誌のシェアは6.6%である（前章の図4-3参照）。

週刊誌 週刊誌には『週刊新潮』『週刊文春』など，ニュース一般を幅広く報道する総合週刊誌，ファッションなどを中心とした女性週刊誌，漫画を連載するコミック誌などがある。

そのなかでも，社会的な影響力が強いのは総合週刊誌であろう。上にあげた2誌のほか，『週刊ポスト』『週刊現代』『サンデー毎日』『週刊朝日』などがしのぎを削っている。これら総合週刊誌の販売部数は，落込みが激しい。ABC雑誌報告部数によると，1996年に78万以上の部数があった『週刊ポスト』は2005年上半期で45万9807部，96年に74万以上あった『週刊現代』は50万769部に落ち込んでいる。両誌ほどではないが，『週刊文春』（2005年上半期で58万1433部），『週刊新潮』（同52万部4136部）も販売部数が下落傾向にあることに変わりない。新聞社が発行する『週刊朝日』と『サンデー毎日』に至っては下げ止まる気配がなく，新聞社系総合週刊誌の社会的役割はすでに終わっているとの声が聞かれるほどだ（図5-2参照）。

しかしながら，総合週刊誌の果たす役割は大きく，時折登場するスクープには，週刊誌の存在感を感じさせる。出版社，新聞社の編集者の投票によって選ばれる2004年の「編集者が選ぶ雑誌

図 5-2 週刊誌の発行部数の推移

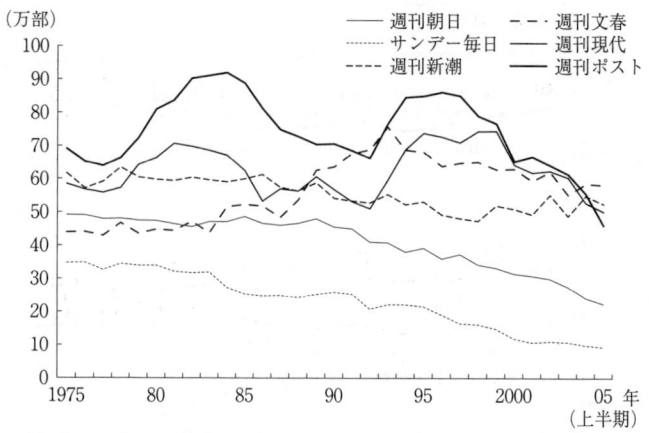

（出所） 日本 ABC 協会「公査レポート」，2004 年，05 年は「発行社レポート」。

ジャーナリズム賞」の大賞には，『週刊文春』の NHK 紅白プロデューサーの横領に関する記事と，『週刊ポスト』の温泉偽装事件に関する記事が，スクープ賞には，年金の CM に出演した女優が年金未納であったことを明らかにした『週刊現代』の記事が選ばれた。いずれも，週刊誌の報道がなければ闇に葬り去られたかもしれない問題であり，社会に与えた影響も大きかった。

しかし，雑誌編集者からは「スクープが部数に結びつかない」との声も聞かれる。総合週刊誌の苦境は単に「産業」だけの問題と捉えるべきではなく，日本の政治や文化のあるべき姿という観点からも議論されるべきであろう。

漫　画　日本文化においては，漫画が重要な位置を占めることについて異論はなかろう。とくに近年は，アニメ産業が重要な文化輸出財と認識され，政府や官僚もその重要性に

図5-3 出版物(雑誌・書籍)に占めるコミック関係の占有率推移

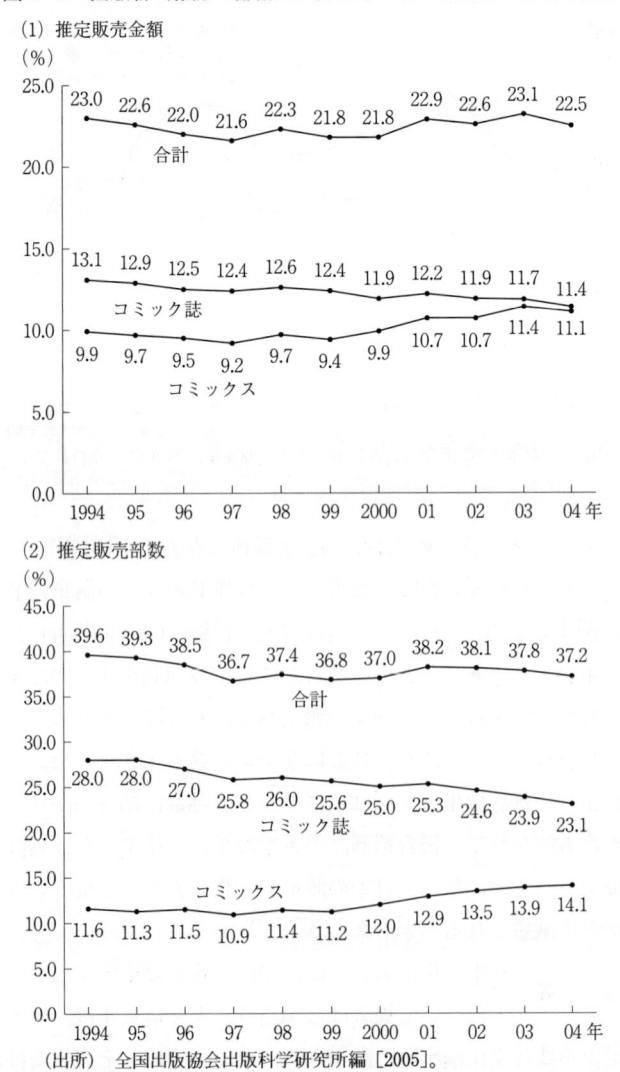

(1) 推定販売金額
(%)

年	1994	95	96	97	98	99	2000	01	02	03	04
合計	23.0	22.6	22.0	21.6	22.3	21.8	21.8	22.9	22.6	23.1	22.5
コミック誌	13.1	12.9	12.5	12.4	12.6	12.4	11.9	12.2	11.9	11.7	11.4
コミックス	9.9	9.7	9.5	9.2	9.7	9.4	9.9	10.7	10.7	11.4	11.1

(2) 推定販売部数
(%)

年	1994	95	96	97	98	99	2000	01	02	03	04
合計	39.6	39.3	38.5	36.7	37.4	36.8	37.0	38.2	38.1	37.8	37.2
コミック誌	28.0	28.0	27.0	25.8	26.0	25.6	25.0	25.3	24.6	23.9	23.1
コミックス	11.6	11.3	11.5	10.9	11.4	11.2	12.0	12.9	13.5	13.9	14.1

(出所) 全国出版協会出版科学研究所編 [2005]。

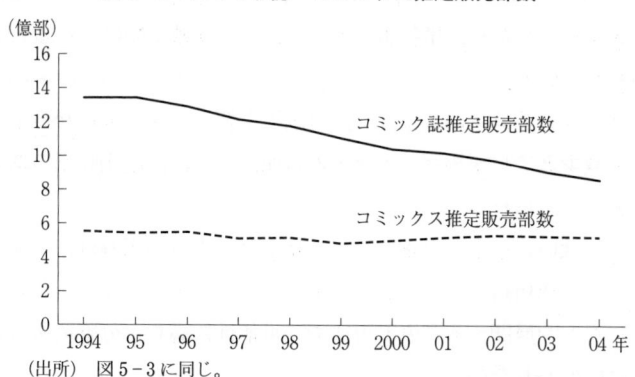

図5-4 コミック誌・コミックス推定販売部数

(出所) 図5-3に同じ。

着目するようになった。一昔前のように，漫画を価値のない低級なものと捉える人びとは少なくなっている。

2005年の『出版指標年報』によると，書籍・雑誌を合わせた出版物全体に占める漫画単行本（コミックス）と漫画雑誌（コミック誌）の占める割合は，2004年現在，総販売部数の37.2％，総販売金額の22.5％を占める。日本雑誌協会の2004年度のデータによると，発行部数100万部以上の雑誌は11誌あるが，そのうち9誌はコミック誌である（発行部数とは実際に販売した「販売部数」ではなく，返品も含めた部数のこと）。

このように大きな部数を誇るコミック誌ではあるが，販売部数・販売金額ともに，1990年代半ばを境に下降線をたどっている（図5-4参照）。週刊少年コミック誌の『少年ジャンプ』は94年末には，発行部数が653万部に達したが，2004年度は半分以下の約300万部となっている。

一方，漫画単行本（コミックス）は1990年代以降ほぼ横ばいである。以前は，漫画は雑誌で連載し，その後単行本化するため

2 出版産業の動向

「二度おいしい」といわれていたが、昨今ではコミック誌の発行部数が落ちたため、単行本化のために雑誌連載を続けているともいわれている。

コミック誌低迷の背景には、漫画の主要ターゲットになる子どもの減少と、ビデオゲームなどの台頭、さらには漫画喫茶の増加などが考えられる。

そうはいっても、漫画はアニメ化されて人気が出れば、キャラクターの使用料によるキャラクター・ビジネス（ライツ・ビジネス）などを展開することも可能で、可能性に満ちた分野であることには変わりない。

分冊百科・ムック　一般の書籍・雑誌とはやや異なる形態の出版物として、「分冊百科」と「ムック」に触れておこう。

分冊百科とは、週刊や隔週刊で発行され、全冊を揃えると事典のように使えるシリーズもの企画である。たとえば、アシェット・コレクションズ・ジャパンが2004年に創刊した『週刊タイタニック』は、毎号、豪華客船タイタニック号のペーパーワークの一部がついてきて、それを順次組み立てると、最終的にはタイタニック号が完成するというもの。

出版科学研究所によると、分冊百科は1970年頃にヨーロッパで生まれ、日本でも70年に登場した。同朋舎出版がイタリアに本社を置くデアゴスティーニ社と共同で88年に、世界の航空機を紹介する『週刊エアクラフト』を創刊し、大々的にテレビコマーシャルで宣伝して注目を浴びた。出版社としては長期にわたり定期的に顧客が見込める点が魅力で、2004年には、前年を21点も上回る47点が創刊された。

ムックとは，MagazineとBookを合わせてつくられた日本語で，その名のとおり，雑誌と単行本の中間を行くものだ。大判で図解などのビジュアルを多用し，1冊1テーマに絞った雑誌形態の単行本である。『出版指標年報』によると1989年の新刊点数は2658点であったが，その後毎年増加し，2004年には7789点に達した。販売部数でみても，89年の7353万冊から順調に増えて96年には1億4543万冊にまで増加した。しかしその後，横ばいから減少に転じて，2004年は1億3288万部にとどまった。ムック市場も飽和状態にあるといえるだろう。

3 出版不況への対応

出版不況のなかで，出版業界はどのようにして時代の変化に対応しようとしているのだろうか。以下，目だった動きを概観してみよう。

出版流通改善に向けての動き　読者個々の注文に迅速に対応するには，どのような本が市場にあって，入手可能なのかを，注文を受けた書店や取次が迅速に知る必要がある。そのためのデータベースを出版界でつくろうという動きもある。しかし，4000社以上の出版社が存在し，なかには休眠状態の社もあるとすると，各社の出版，在庫状況などを把握することは簡単でない。また，書籍の保管状況を把握しても，コストの点から迅速な物流が困難な場合もある。

読者からの注文に対処するには，出版界全体で共同倉庫をもち，書籍を管理すればよい，と考えるのは自然だろう。1990年代には，長野県・須坂市に，巨大な共同倉庫を構築する動きが本格化

したが，結局，出版社，取次，書店などの利害調整がうまくいかず，計画はとりやめになった。

それでも出版社や取次は，読者の個別の注文に迅速に対応するよう，努力を重ねてきている。その背景には，情報化が進み，無数にある出版物をデータベース化し，出版社，取次，書店という流通の各段階において，それぞれの在庫情報の確認を可能にする情報基盤が整備され始めたことがある。

ポスシステムの導入による商品の個別管理は，CVSなどで導入されて広まっていたが，書店の情報化（ストア・オートメーション化）も徐々に進み，ある程度の規模の書店であれば，ポスシステムの導入は当たり前になってきた。業界紙の『文化通信』が2004年に，東京の94書店349店舗から回答を得た調査によると，81坪以上の規模の店舗ではポスシステムの導入率が100％であった（『文化通信』2004年11月1日）。大型書店で導入が進んでいるため，書籍や雑誌の流通量としては相当程度，電算管理されているとみてよいだろう。

また，日販やトーハンといった取次会社でも，流通センターを整備，あるいは新設して物流基盤の高度化を進めているほか，出版社・書店と情報を共有して合理的な商品管理を可能にする「SCM」（サプライ・チェーン・マネジメント）の構築を進めている。

日販は近年，「www. project」（トリプル・ウィン・プロジェクト）を進めている。これは，出版社の在庫情報や，書店の売上データなどを開示してもらい，出版社，取次，書店の3者で情報を共有するシステムを構築しようとするプロジェクトだ。これによって，返品の減少などコスト削減や，読者の需要へのより的確

な対応が可能になるという。また，大阪屋，栗田出版販売などほかの取次会社4社と共同で，返品商品の物流業務を扱う新会社を設立し，業界全体のコスト削減に努めている。

トーハンは，2002年に雑誌発送の物流センターを埼玉県・上尾市に構築したのに続いて，書籍の注文・返品・共同倉庫の機能を集約した巨大な書籍の流通センターを2005年，埼玉県・桶川市に建設した。日販と同様，書店，出版社と在庫情報等を共有して，効率的な配本を実施し，書店や読者からの注文への迅速な対応を可能にするSCMの構築に向けて努力している。

オンライン書店 読者がインターネットのウェブサイトを通じて注文し，宅配などの方法で書籍を受け取るオンライン書店も確実に成長してきている。出版科学研究所の推定では，オンライン書店の市場規模は，2000年70億円，2001年140億円，2002年240億円，そして2003年には330億円に達した。2003年の書籍の売上が全体で約9000億円だから，オンライン書店を通じて流通する書籍の割合はまだ5％に満たないが，それでも，無視できない規模にまで急速に成長したといえるだろう。

オンライン書店が日本で広まったのは1990年代半ばである。丸善や八重洲ブックセンター，紀伊國屋書店などの大手書店が1995年暮れから96年にかけて，オンライン書店のサービスを開始した。2000年暮れにはアメリカで有名なアマゾンが日本市場に参入した（アメリカのアマゾンは1995年にスタートしている）。

書籍は，薄利多売，多品種少量生産なので，インターネットでの販売に向くとみられていた。しかし，オンライン書店を運営するには，システムの構築，物流インフラの整備，カスタマーサポートなど，コストも高い。書籍を販売した場合，書店の取り分は

定価の20%程度で，そのなかからクレジットカードなどの決済コスト，梱包などの出荷コスト，配送コストを捻出しなければならず，非常に薄利である。それにもかかわらず，競争は激しく，配送コストを無料にする社が増えている。

電子書籍　書籍や雑誌の中身（コンテンツ）を，電話回線などを通じて伝達，販売する「電子書籍」は，新しい出版の形として注目を集めてきたが，ビジネスとしては苦戦が続いている。しかし，2004年頃から徐々に成長の兆しがみえ始めてきた。

電子出版の成功例は電子辞書だ。業界紙によると，電子辞書は紙の辞書1冊に比べると単価が高いこともあり，2002年には，電子辞書が販売金額で紙の辞書を上回った（『新文化』2003年8月21日）。通常は，カシオなどのハードメーカーに，出版社がコンテンツを提供してつくられている。もっとも，電子辞書はハード・ソフト一体型で，コンテンツだけを電子化して販売するような純粋な電子書籍とは異なる。

『電子書籍ビジネス調査報告書2005』（インプレス編）によると，2004年の電子書籍の市場規模は約45億円。対前年比で150％の伸びとはいえ，オンライン書店と比べても，まだまだマーケットとして小さい。

電子書籍には，専用の端末を購入して，それにコンテンツをダウンロードするものと，パソコンや携帯電話といった汎用の端末を利用するものがある。

2003年は，専用端末を利用したビジネスの動きがあった。まず松下電器産業は，東芝，勁草書房，凸版印刷，大日本印刷などと「電子書籍ビジネスコンソーシアム」を設立，電子書籍専用の

電子ブック「ΣBook」を市場に投入した。ソニーは講談社，新潮社，読売新聞，朝日新聞，大日本印刷，凸版印刷など15社で，電子書籍を貸本スタイルで提供する新会社「パブリッシングリンク」を設立し，電子書籍専用端末として「LIBRIe」の販売を開始した。

こうした専用端末には，まだ普及の兆候はみられない。しかし，電子辞書がある程度普及したことを考えれば，端末機能の高度化や販売価格の低下などの実現によって，将来的に成長する可能性がないとはいえない。

汎用端末向けサービスでは，成長の兆しがみえてきている。とくに注目されているのが携帯電話向けサービスだ。

新潮社は2002年，角川書店は2003年に，携帯電話向けに小説などのコンテンツの提供を本格化した。当初は，小さな携帯電話の画面で小説などを読む読者が存在するのかが疑問視されたが，着実に購読者を増やしているようだ。2004年には，紙の書籍としてミリオンセラーとなった飯島愛の『PLATONIC SEX』が，携帯電話でのダウンロード数で1万件を超えた。携帯サイトに配信されたものを，紙の書籍として単行本化した『Deep Love』（スターツ出版）シリーズが100万部以上を売り上げたことも話題になった。

パソコン等へのダウンロードでも，イーブックイニシアティブジャパンは2005年2月，『北斗の拳』シリーズが発売から半年で10万件以上のダウンロードを記録したと発表するなど，将来の成長を感じさせる展開が続いている。

著作権ビジネス　　出版不況と多メディア化のなかで，出版社も事業を見直し，自分たちの強みを最大限生か

すビジネスに取り組む必要性に迫られている。出版社の強みを生かしたビジネス形態の1つとして,「著作権ビジネス」「キャラクター・ビジネス」などといわれるものがある。自分たちの出版物から生まれたキャラクターなどの著作権を管理し,それを第三者に利用させて人形やぬいぐるみなどの商品を製作・販売させたり,出版以外のメディアに展開したりして利益を得るようなビジネスモデルだ。

キャラクター・ビジネスの分野で先駆け的に成功したのが小学館だ。「ドラえもん」をはじめとして,「ポケットモンスター」「とっとこハム太郎」などといった人気キャラクターを抱える小学館は,キャラクターの著作権を管理し,それを漫画,アニメ,映画,ゲームなどといったさまざまなメディアに利用している。

同社が著作権ビジネスに本格的に乗り出していったのは1990年頃から。88年に宣伝部のなかにメディア・ミックス事業室を設け,90年にはメディア・ミックス編集部が独立した。ポケットモンスターのテレビアニメが始まった98年にはキャラクター事業センターを設立,キャラクター・ビジネスを積極的に展開している。

キャラクター・ビジネスを手がける企業としては,「キティちゃん」を生み出したサンリオなども有名だが,出版社の強みは,キャラクターを生み出すストーリーづくりを行っている点であろう。またそれだけに,キャラクター・ビジネスの成否を決めるのも,強いキャラクターを生み出す作家の育成にかかっているようだ。

小学館はまた,映像プロデューサーという職務を設け,漫画の映画化やアニメ化などの交渉窓口としている。日本映画製作者連

盟が発表した2004年の日本映画興行収入ベスト10には,小学館のおなじみの作品,「ポケットモンスター」「ドラえもん」「名探偵コナン」「忍者ハットリくん」に加えて,小説『世界の中心で,愛をさけぶ』『いま,会いにゆきます』など,同社の出版物がもとになった6作品が並んだ。

キャラクターなどによる著作権ビジネスの売上は,小学館の全売上の1割近くを占めるといい,同社にとっての重要な収入源に成長している。

講談社も,ライツ事業局を設けて,漫画の版権の海外販売や,作品の映像化を進めている。

このほか,集英社は2004年以降,人気コミック誌「ジャンプ」シリーズの公式店舗「ジャンプショップ」を東京や名古屋で開業し,キャラクター商品や単行本の販売を始めた。文藝春秋は2004年8月,伊藤忠と提携して,スポーツ誌『スポーツ・グラフィック・ナンバー』のブランドを,スポーツウエア・メーカなどにライセンス供与するビジネスに乗り出すと発表するなど,出版社によるさまざまな努力が続いている。

漫画の海外進出　　漫画の海外進出にも触れておこう。

日本の漫画はアジアを中心に人気が高く,海賊版などが出版されていた。以前はそうした海外の海賊版は事実上野放し状態になっていたようだ。しかし,1990年代に入った頃から,アジア各国で,日本の出版社と正式に契約を結んだ出版社が,日本の漫画を出版するようになったという。海外に漫画の版権を輸出して得られる収入は,出版社全体の売上からすれば大きくないともいわれているが,キャラクターを育成し,管理するという観点からすれば,正式に契約を交わすこと自体に意味があ

ろう。

　21世紀に入ると，日本漫画の海外進出はいっそう活発になってきた。集英社は，小学館の子会社でアメリカの漫画出版を行ってきたVIZコミュニケーションズと共同出資で「VIZ　LLC」を設立し，2002年11月，アメリカで初の少年漫画誌『SHONEN JUMP』を創刊した。月刊で日本の『少年ジャンプ』と同じB5判。横書きのアメリカでは通常，書籍も雑誌も左から開くが，『SHONEN JUMP』は右から開く体裁で，あくまで日本の漫画のテイストにこだわった。実質30万部で創刊された同誌は，2004年には40万部を発行するまでに成長，アニメ放映される作品もあり，順調に成長しているようだ。2005年6月には，少女向け漫画雑誌『SHOJO BEAT』を創刊した。

　ヨーロッパでも徐々に日本の漫画が浸透しつつある。たとえばドイツでは，老舗児童出版社のカールセン社が，2001年に男性向けの『BANZAI』，2003年に女性向けの『DAISUKI』を創刊，日本の少年，少女漫画を掲載している。同国では，1990年代半ばに「セーラームーン」がテレビ放映されて日本のアニメファンが急増，97年には「ドラゴンボール」が人気を集めたという。

著作権法の動向　出版物の自由な流通と出版産業の発展のためには，著作権の適切な保護が必要である。日本国政府も知的財産の保護を強化していこうとする姿勢を明確にしている。

　そうしたなかで，著作者の権利保護という観点からすると，2004年の法改正によって一定の進展がみられた。

　著作権法は第26条の第3項で，「著作者は，その著作物をその複製物の貸与により公衆に提供する権利を専有する」と定め，著

作者に「貸与権」を認めている。これは、音楽レコードを貸与する「貸しレコード屋」が増大したことから、1984年に新たに認められた権利であった。書籍には貸し本業があったが、当時は小規模で大きな問題となっていなかったことから、著作権法の附則第4条の第2項（昭和46.1.1施行）によって、書籍および雑誌については、当分のあいだ、貸与権を認めていないこととしていた。しかしながら、大規模に貸し本業を営む店舗が現れたことから、作家などで構成される団体が、2002年頃から貸与権を主張し始めた。作家らの運動は実り、2004年、法律が改正され、書籍や雑誌についての貸与権が認められるに至った。なお、貸与権はあくまで「著作者」に認められるものであって、出版社に認められるものではない。出版社は以前から、出版物を編集、レイアウトし作成したものの権利として、「版面権」の存在を主張しているが、法的には認められていない。また貸与権は、無料で貸し出す公共図書館や、店内で閲覧させるだけの漫画喫茶には働かない。

フリーマガジン　都心部の駅周辺などで無料配布し、収入は広告から獲得するという「フリーマガジン」が、21世紀に入って日本でも注目されるようになった。広告を収入源としたフリーマガジンは決して新しい存在ではないが、21世紀に入ってから変わったのは、フリーマガジンが独自の記事やタイアップ記事を増やして、有料誌と比べても遜色のないほどに充実したコンテンツを掲載していることであろう。

リクルートは2004年7月、25歳以上の男性をターゲットにした新たなフリーペーパー『R25』を発行した。同社がそれ以前に月刊で発行していた『ホットペッパー』（2000年7月創刊）など

のクーポン誌や,地域の話題やショッピング情報等を集めた生活情報誌とは異なり,著名人のインタビューなど,充実した記事が売り物である。都内地下鉄駅構内やCVSなど,首都圏4500ポイントで配布し,発行部数は約60万部。内容も充実している。たとえば,2004年後半のインタビュー記事への登場人物だけみても,日産を再生させたカルロス・ゴーン,歌手の長渕剛,漫画家のモンキー・パンチ,相撲の九重親方など,各界からそうそうたるメンバーが登場している。

娯楽や飲食店情報を掲載する『Tokyo Walker』など「ウォーカー」シリーズを各地で出版する角川書店は2003年11月に,同シリーズとの連携を図ったフリーマガジン『カドナビ』を名古屋,福岡で創刊した。角川書店は同年9月には,自宅に設置して電話帳のように利用できるスタイルのフリーマガジン『東京インデックス』も創刊,都内で配布している。

現状では,フリーマガジンと有料の雑誌とでは,広告主が異なるなど,直接競合する関係にはないともいわれる。しかし,有料雑誌並みに内容が充実したフリーマガジンが増えれば,雑誌の販売部数に影響を与えることは避けられないだろう。

図書館,新古書店,漫画喫茶 書店を取り巻く環境は厳しい。雑誌や書籍の売上が落ちていることに加えて,漫画喫茶や新古書店など,新しいビジネス形態が書店の存在を脅かしているからだ。

業界紙によると,漫画喫茶は1980年頃から存在していたが,急速に増加したのは90年代の終わり頃からだ(『新文化』2002年8月22日)。インターネット接続のサービスを提供するインターネット・カフェの機能も取り入れ,また,テレビやDVD視聴,

テレビゲームのサービスも提供し，都会人の「オアシス」として人気を集めている。

新古書店の存在も大きい。読み終わった書籍や雑誌を読者から購入して，再度販売する「古本屋」は古くから存在したが，近年，これを大規模にチェーン展開する店が増えて，出版界を脅かしている。その代表格が「ブックオフ」である。同社は1991年に設立，神奈川県で事業を開始し，2004年には株式上場も果たした。2005年8月現在で，直営店舗201，関係会社店舗79，フランチャイズ加盟店店舗542を数えるまでに成長している。新古書店は，原則として持ち込まれた本をすべて買い取るので，大量の万引きを誘発しているとの指摘もあり，書店にとって大きな脅威となっている。

図書館に対する批判もある。図書館は「無料貸し本屋」であり，ベストセラーを複数購入して利用者に提供するため，本来売れるべき本が売れなくなっているというのだ。

日本図書館協会と日本書籍出版協会は2003年に，全国42自治体679館からの回答を得た「公立図書館貸出実態調査報告書」を発表した。ベストセラー作品のなかには，全国で十万回以上も貸し出されたとみられる書籍も少なくない実態が明らかになった。出版界からは，図書館に対して著作者や出版社が使用料を請求できる「公貸権」（公共貸与権）を法律で認めるべきだとの声があがっている。

4 活字文化の未来

活字文化の衰退は，出版産業だけの問題ではなく，国民的文

化・教養全体にかかわる問題だろう。昨今,子どもの精神の荒廃や学力低下に対する関心の高まりを背景として,政官財が協力して,子どもの読書を奨励する取組みが行われるようになった。

読書推進活動の1つに,1988年に千葉県の2人の教師によって始められた「朝の読書」運動がある。95年からはトーハンが事務局を務める同運動は,小・中・高校で毎朝10分程度の時間を読書にあてることで,読書習慣をつけさせることをねらったものだ。2005年には,実施校は全国で2万校を超えて,742万人の児童生徒が実施している。日販も99年から,全国の書店で読み聞かせ会「おはなしマラソン」を展開,出版社でも講談社が97年から読み聞かせ運動「お話しキャラバン」を継続するなど,読書推進運動の輪は広がっている。

2001年には,自治体などに,子どもに対する読書の奨励施策の実行などを義務づける「こどもの読書活動の推進に関する法律」が成立,施行された。全国500以上の地方自治体では,0歳児検診に参加した乳児と保護者に絵本をプレゼントするブックスタート運動が実施されている。

出版界には,個々の書籍,雑誌を売るという努力と同時に,活字文化全体の発展に貢献することが求められているといえるだろう。

《参考文献》

インプレス・インターネット生活研究所編 [2005],『電子書籍ビジネス調査報告書2005』インプレス。

植田康夫編 [2004],『新現場から見た出版学』学文社。

木下修・星野渉・吉田克己 [2001],『オンライン書店の可能性を

探る』日本エディタースクール出版部。

月刊『編集会議』編集部編［2004］,『出版界就職ガイド2005』宣伝会議。

佐野眞一［2001］,『だれが「本」を殺すのか』プレジデント社。

出版教育研究所編［2002］,『出版界はどうなるのか——ここ10年の構造変化を検証する』日本エディタースクール出版部。

全国出版協会出版科学研究所編［2005］,『出版指標年報』全国出版協会・出版科学研究所。

日本出版学会編［2004］,『白書 出版産業』文化通信社。

日本書籍出版協会編［2005］,『出版年鑑』（平成17年版）出版ニュース社。

*Column*⑤　裁判でもメディア不信の流れ
損害賠償額高騰で休刊も

　民事の名誉毀損訴訟において，メディア側に命じられる賠償額が21世紀に入り一気に高騰化した。1990年代までは，メディアによる名誉毀損が認められても，命じられる賠償額は100万円未満であることが珍しくなかった。現在では「相場」は一桁上がっている。東京高等裁判所は2003年10月，写真週刊誌『フォーカス』（休刊）の発行元・新潮社に，熊本市の医療法人らの名誉を毀損したとして1980万円の支払いを命じている（2004年10月にこの判決は確定した）。

　賠償額の高騰化は，出版社の経営にも影響を与えずにはいられない。2004年3月に休刊した，著名人のスキャンダル暴露で有名な月刊誌『噂の真相』の編集長は，損害賠償額の高騰化が休刊の一因であることを認めている。

　賠償額の高騰化は言い換えれば「人権の価値が上がった」ことでもあり，このこと自体は歓迎すべきだ。しかし，週刊誌をはじめとした雑誌がこれまで，新聞やテレビでは暴けなかったスキャンダルを数多く公にしてきたことも事実だ。2001年8月休刊の『フォーカス』の清水潔記者は，埼玉県桶川市で起きた女子大生刺殺事件（「桶川ストーカー」事件，1999年）の真相をスクープし，警察行政の怠慢を暴くきっかけをつくった。

　人格権と表現の自由とのバランスについて，幅広い見地からの検討が必要であり，裁判が出版妨害の場にならないよう注意も必要だ。

　消費者金融大手の「武富士」は総額1億円に上る損害賠償を請求する訴訟を起こしたが，後に訴訟相手の月刊誌『ベルダ』（2004年7月号）に「当社に批判的な記事に対し言論弾圧をしようとしたものにほかなりません」との謝罪広告を掲載するに至っている。

第6章

広 告

(写真提供：時事通信社)

広告はいま，インターネット，携帯電話の普及といった，かつてないほどの媒体環境の変化により，従来型のマスメディア主導から，メディアニュートラルな立場で生活者の触れるあらゆる接点（タッチポイント）によるコミュニケーションの構築を模索し出している。
広告費全体では2年連続増加したが，媒体別でみるとテレビを中心とした既存4媒体は押し並べて前年割れとなり，一方インターネット広告の急増やアウトドアメディアも増加傾向を示している。
広告会社には，新しい媒体環境に適合したコミュニケーションの再構築，コミッション（媒体手数料）の低率化によるフィーベースの業務開発，広告取引のグローバルスタンダード化など多くの課題への対応に迫られている。

1 広告産業の概況

媒体別広告費の規模　メディア事業者の財源としてみた場合の広告の役割は、地上波民放テレビのように、広告に全面依存することによって、誰でも負担なくテレビ放送が見られる、無料放送として事業を成り立たせ、マスメディアとして発展させたことに大きく貢献している。新聞も、今日主要一般紙が全国紙として普及したのは、販売収入以外に広告収入（事業収入の約4割）があったからこそ、メディア事業者のコスト負担を軽減させ、利用者の購入機会を増やす、部数拡大につながったといえ、とくに高度成長期では、販売と広告が好循環で拡大再生産されていったわけである。

また、インターネットのような新しいメディアでも、広告収入が事業収入の大きな柱となっており、早期普及の原動力となっている。ただ、インターネットで、新聞や雑誌の類の情報が無料で提供されたことにより、新聞の購読や雑誌の購入にも影響を与えているが、それらの媒体でも、広告収入に全面依存する、フリーペーパーが数多く発行されてきている。

このように広告は、利用者に対してメディアからサービスを受ける際の負担を無くす、もしくは軽減させることに機能しており、メディア事業にとって、ますます重要な財源となってきている。

例年電通が発表している「日本の広告費」によると、日本経済の景気回復を背景に、2005年の総広告費は、5兆9625億円（前年比101.8%）と、2004年に引き続き増加した。

総広告費は、テレビを筆頭に、新聞、雑誌、ラジオの既存マス

図6-1 媒体別広告費（2005年）

（単位：億円，括弧内は構成比）

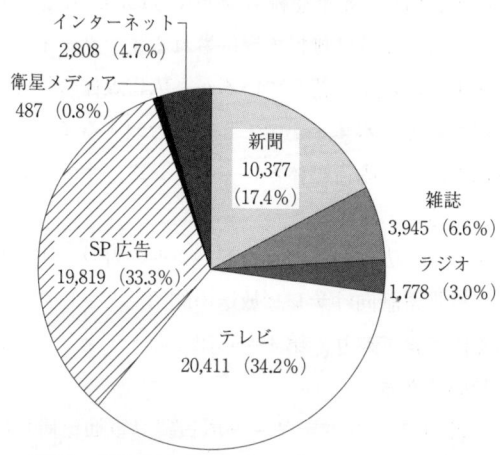

- インターネット 2,808（4.7%）
- 衛星メディア 487（0.8%）
- SP広告 19,819（33.3%）
- テレビ 20,411（34.2%）
- ラジオ 1,778（3.0%）
- 雑誌 3,945（6.6%）
- 新聞 10,377（17.4%）

（出所）　電通［2006］，「日本の広告費」。

メディア4媒体，SP媒体（屋外広告，交通広告，DM，折込，POP，展示・映像他），衛星メディア（BS，CS，ケーブルテレビ）インターネットのそれぞれ広告媒体料と広告制作費を積算したものである。

既存4媒体（テレビ，ラジオ，新聞，雑誌）で3兆6511億円と全体の6割強であるが，99.3%と前年割れしている。なかでもテレビは，2兆411億円と全体の34%強を占め，わずかながら前年割れしているが，最強の広告メディアとしての地位は変わらない。1975年にテレビが新聞を抜いて既存4媒体の第1位となってから，今では両者の差は2倍近くも開きが出ている。

とくに2005年で注目すべきは，2004年ラジオの広告費を抜き，既存4媒体の牙城を切り崩したインターネットが，2808億円（うちモバイル広告費288億円，検索連動広告590億円），前年比

154.8％とさらに大幅に伸びた点である。

ラジオの広告費は，5年連続減少となったが，雑誌も同様に減少を続けている。雑誌は無料で提供されるインターネット情報が部数減少へ少なからず影響しているが，広告媒体の特性からみても，特定層をねらえるメディアとして，台頭するインターネットと競合関係となり，広告媒体としてもインターネット急成長の余波を受けている。

インターネット広告は，ブロードバンドの普及による動画配信の本格化，携帯電話向けテレビ放送の開始などさらに成長する要因も数多く出てきており，第4から第3のメディアへポジションを上げる勢いである。

2005～2009年のインターネット広告費（電通総研）の試算では，2007年には，4142億円の予測が出ており，今の両者の勢いでは，雑誌広告費を抜く射程内に入ってきている。

なお，日本の広告費は，日本経済の動向によって左右されるものであるが，GDP（国内総生産）に対する比率では，1.1～1.2％位で推移しており，2005年では1.18％の比率だった。

広告会社の起こりは取次業　前述したとおり，現在既存4媒体のうち，テレビが圧倒的に新聞に大差をつけているが，広告会社の起こりは，新聞の広告スペースをセールスする仲介業務からであった。日本で定期刊行される日刊新聞は，1870年に創刊された「横浜毎日新聞」を契機に次々と新聞が創刊された。当時新聞広告は，新聞社と広告主の直取引で，まだこの時期は両者の仲介となって広告スペースを販売する広告代理業は存在していなかった。日本で始めての広告代理業は1886年（明治19年）開業した弘報堂が最初だといわれている。その業務は，新聞

広告の取次業を専門とする会社で，今日の広告会社のように，自ら制作，企画立案などをするような高度な広告業務ではなく，媒体社の広告スペースを取り次いで広告主に販売する，いわばスペースブローカー的な広告代理業であった。そのため，今でもその名残として，「広告会社」は「広告代理店」と呼ばれている。

現存する広告会社でもっとも古い歴史をもつのは，1890（明治23）年創業の萬年社が1999年倒産したことから，1895（明治28）年創業で当初出版広告の取扱いで発展した博報堂で，次いで1901（明治34）年に誕生した電報通信社が今日の電通である。

新聞広告の取次ぎから始まった，広告代理業は，その後，ラジオ，テレビという放送メディアによって発展していく。

そして，媒体社の広告取次ぎという，媒体社に軸足を置いたビジネスから，広告主側に立って，広告戦略を立案し，広告制作，媒体計画，媒体購入業務，その他PR，SP，イベントなど広範囲にわたる，広告主のマーケティング・コミュニケーション活動を支援する，「広告会社」となっていったわけである。

そして，今日の一部の大手広告会社は従来のマーケティング・コミュニケーションの領域にとどまらず，コンテンツビジネスなども貪欲に取り込んでおり，その意味では「広告会社」を越えた存在ともなっている。

広告会社の寡占化 経済産業省の特定サービス産業実態調査（2003年）によると，広告業を営んでいる会社は，事業所数全体で4234事業所あり，総就業者数は，9万2000人弱である。就業者規模別でみると，20人未満で全体の8割弱を占め，一方100人以上の規模では，全体の2.5％となっている。この数字からみても，マスメディアの扱いではなく，チラ

シ，POP の類の業務を専門とした，小規模の会社で占められているかがわかる。さらに売上からみると，ほんの一握りの会社で占められているという二極化の実態がわかる。

広告経済研究所のまとめによると，2004年主要広告代理業売上高上位10社の売上高は，総計3兆2160億円強で，これは総広告費5兆8571億円（2004年）の約55％にも当たる。また，上位のなかでも，1位の電通1兆5052億円，2位の博報堂DYホールディングス（経営統合された大広，読売広告社も含めて）9345億円，3位のADK（アサツーディ・ケイ）3738億円でみると，3社合計のシェアは，総広告費の48％になる。総広告費の3割強を占めるテレビ広告費でみると，この3社のシェアは，65.2％とさらに高まっている。マスメディア，とりわけテレビ広告の扱いについては，上位3社にきわめて偏った寡占化となっている。

また，近年外資系広告主並びに国内大手広告主が複数の広告会社に媒体の扱いを分けていたのを，1社にすべての媒体の扱いを

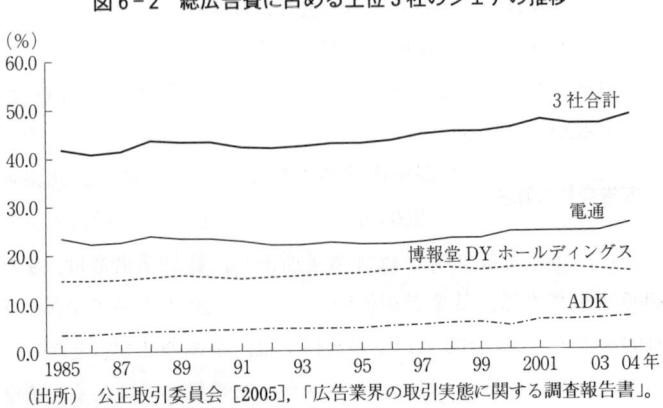

図6-2 総広告費に占める上位3社のシェアの推移

(出所) 公正取引委員会[2005]，「広告業界の取引実態に関する調査報告書」。

集中させる傾向が目立ってきており，ごく限られた大手広告会社へマスメディア広告の扱いがますます集中してきたことが寡占化に拍車をかけている。

上位3社への寡占化は，一方では中堅広告会社に対しては淘汰，さらなる業界再編を迫っている。

広告会社の種類と新しい業態　　広告会社のタイプを大きく分けると，①総合広告会社，②専門広告会社，③ハウスエージェンシーとなる。

①は大手広告会社，電通，博報堂DYホールディングスのように，マスメディアを中心とする広告からSP，PR，イベントなどさまざまなマーケティング・コミュニケーション全般にわたって，広告主にフルサービスを行う広告会社である。②のタイプは，①の総合広告会社のようなコミュニケーションの全領域におけるサービスは行えないものの，特定のメディア，業種，事業領域などに絞った，専門特化されたサービスを提供する会社である。媒体専門では，従来の新聞専門，交通広告，POP，チラシなどSP媒体専門などに加え，新しいメディア，インターネットの普及により，多くのインターネット広告専門会社が登場してきた。大手広告会社から起こった会社としては，電通とソフトバンクが協働で設立した「サイバーコミュニケーションズ」（CCI），それに対抗して博報堂を中心に，ADK，東急エージェンシー，I & S BBDOなどが立ち上げた「デジタル・アドバタイジング・コンソーシアム」（DAC），ベンチャー系の代表としては，「サイバーエージェント」，「オプト」，「セプティーニ」などがあげられる。また，モバイル広告専門会社も通信キャリアと大手広告会社の提携によって，NTTドコモと電通系のD2コミュニケーションズ，KDDIと

1 広告産業の概況

博報堂 DY 系の mediba などがある。

事業領域では，従来の SP 専門，PR 専門などに対して，欧米のメディアエージェンシーのような広告会社の媒体業務ビジネス（広告媒体枠の購入，媒体計画業務など）に特化した，新しいタイプの専門会社も出てきた。具体的には，「博報堂 DY メディアパートナーズ」（2003 年 12 月設立）で，欧米のメディアバイイングやプランニング業務に絞ったメディアエージェンシーの事業領域を超えて，さらにコンテンツビジネス業務も加えた，大型の総合メディア事業会社が初めて日本にも誕生したことになる。

③については，そもそも広告会社は広告主の広告宣伝部門のいわばアウトソーシングの意味合いがあるが，その広告会社を自社のグループ内に設立したものを，ハウスエージェンシーと呼んでいる。広告主に一番近い広告会社であり，当初は自社の広告に限定された業務となるが，業務の拡大等によって他社の広告扱いも増え，一般の広告会社に発展，脱皮する会社も出てくる。主なところは，NTT アド（NTT グループ），アイプラネット（三菱電機），デルフィス（トヨタ自動車），フロンテッジ（ソニー）などがある。また，JR 東日本企画は，JR 東日本のハウスエージェンシーとして 1988 年設立されたが，自社の交通媒体の広告セールスが中心であり，その意味では媒体社に近い存在でもある。

なお，広告会社の業務は，総合広告会社といえども，すべて自社でこなせるわけではなく，CM 制作会社，デザイン会社，印刷会社，マーケティング会社，イベントやプロモーション・キャンペーンを運営する会社，PR 会社，芸能プロダクションなどさまざまな会社によって支えられている。

なかでも新しい動きとしては，大手広告会社のクリエーターが

独立して,少数精鋭の小規模なクリエイティブ・ブティックあるいはクリエイティブ・エージェンシーと呼ばれる,新たな業態が生まれてきている。具体的には,タグボート,シンガタ,風とロック,ワンスカイなどがある。従来のCM制作会社は,総合広告会社からの依頼業務が中心であるが,クリエイティブ・ブティックは,直接広告主からの依頼を受ける形で業務を行っている。

欧米と比べた広告取引の特徴 日本の広告取引の大きな特徴は,欧米と比べた場合,同業種の複数の企業を広告主(クライアント)としてもつ点である。一般に欧米では,「1業種1社制度」といって,原則として広告会社が同業のライバル企業同士からそれぞれ広告業務を請け負うことはない。これは,欧米のアドバタイジング・エージェンシーは,そもそも広告主のマーケティング・コミュニケーション上のパートナーとして,広告主の企業情報を把握できるほど密接な関係であったため,競合企業を取り込むことは商慣習上敬遠されたわけである。このようにアドバタイジング・エージェンシーは,広告主側に立っているが,一方,媒体社側に立った広告業務,媒体社の広告枠の販売代行をする会社をメディアレップ(representative)と呼んで,明確に区別されている。

これに対して日本の広告会社は,当初欧米の媒体社の代理であるメディアレップから起こったため,媒体社の広告枠を売ることから,同業の複数企業が商売の相手先となった。また,広告主も広告会社には媒体確保力を求めていたため,複数の広告会社に扱いを与えることには,とくに抵抗感がなかった。その後マーケティング・コミュニケーション力を備え,近代的広告会社に脱皮した後も,今日でも(1業種)マルチクライアント制度は,その残

滓として商慣習上継続されている。ただし，外資系広告主からは，取引上，「1業種1社制度」をグローバルスタンダードとして強く求められているのも事実であり，営業局単位やカンパニー制，競合企業のそれぞれの機密保持を担保することなどによって，マルチクライアント制は維持されている。

「1業種1社制度」は，欧米でさえ，近年その維持が難しくなってきている。企業のグローバルなトータルブランド戦略に対応していくために，欧米の広告会社は，複数の広告会社をグループ再編し，メガ・エージェンシーと称されるように大規模化してきている。そのようななかで，同一グループ内での競合問題が派生しており，扱い（アカウント）をどのように調整するかが課題として出てきている。

また，企業の多角化やブランド・商品アイテムの増加によって，実際は1業種では，アカウントの制約が厳しすぎるため，1商品（サービス）内で1社に限るやり方を取っているのも事実である。

いずれにしろ欧米では，同一の広告会社が競合企業を併せてアカウントにもつことは商取引上許されざる行為として，厳しい見方をされている点が大きな違いとなっている。

メガ・エージェンシーと国内広告会社の再編　前述したように世界の広告会社は，複数の広告会社（アドバタイジング・エージェンシー），専門特化されたPR会社，SP会社などが持ち株会社によってグループ化されたメガ・エージェンシーの台頭によって，今では4大グループに集約されてきている。

米アドエージ誌（2005年5月2日号）での2004年世界広告会社ランキングをみても，第1位オムニコムグループ（97.4億ドル），第2位WPPグループ（93.7億ドル），第3位インターパブ

リックグループ（62.0億ドル），第4位パブリュシスグループ（47.7億ドル）が上位を占めている。ちなみに日本の広告会社は，5位に電通（28.5億ドル），8位に博報堂DYホールディングス（13.7億ドル），9位にADK（4.7億ドル）とベスト10に3社入っている。またグループではなく，単独でみれば，電通が世界第1位の広告会社である。

世界規模の広告会社の再編によって生まれたメガ・エージェンシーは，国内広告会社の再編にも影響を与えている。そのため，今日の国内広告会社を理解するうえでも，メガ・エージェンシーの動向を把握する必要が出てきている。

第1位のオムニコムグループは，クリエイティブ力には定評のあるBBDO，DDB，TBWA3社が中核のグループで，1997年国内の「I&S」に資本参加して「I&S BBDO」，日産のハウスエージェンシーだった「日放」にも資本参加し，「TBWAジャパン」をそれぞれ設立した。また，国内の広告会社との関係でいえば，TBWAは，2000年に日産自動車の世界規模での広告活動で博報堂と業務提携を行い，ジーワンワールドワイドを設立した。

第2位のWPPグループは，イギリスの広告会社サーチ＆サーチから起こったもので，傘下にはアメリカの有力広告会社J.W.トンプソン，オグルビー＆メイザー，ヤング＆ルビカムなどが入っている。

また，WPPグループは，1998年7月旭通信社と第一企画が合併してできたADKとも資本・業務提携にあり2006年2月現在，同社の21.6％間接保有し，筆頭株主となっている。

第3位のインターパブリックグループは，130カ国以上の海外ネットワークをもっている，マッキャンエリクソン・ワールドワ

イドが中核となって，もう1つの柱，パートナーシップとしてロウとリンタスが合併してできたロウ&パートナーズ・ワールドワイド，そのほかFCBグループが傘下に入っている。

同グループのマッキャンエリクソンは，すでに1960年に博報堂とのあいだに合弁会社マッキャンエリクソン博報堂を設立したが，その後93年に合弁を解消している。また，ロウ&パートナーズのリンタスは，1982年博報堂とのあいだで合弁会社博報堂リンタスを設立している。

第4位のパブリシスグループは，フランスのパリに本拠を置くパブリシスがグローバル企業として成長し，2002年にビーコム3グループ（レオバーネット・ワールドワイド，DMB & Bなど）を買収し傘下に収めたことにより，同国のアバスを抜いて，今日第4位のメガ・エージェンシーの座を獲得している。2000年電通がビーコム3に出資し，資本業務提携を行い，その後パブリシスグループに入ったため，電通と関係をもつことになった。

このように，欧米の広告会社がメガ・エージェンシー化してい

表6-1　世界広告会社ランキング・トップ10（2004年）

（単位：百万ドル）

順位	広告会社名	本社所在地	売上総利益		
			2004年	2003年	対前年伸び率%
1	Omnicom Group	ニューヨーク	9,747.2	8,621.4	13.1
2	WPP Group	ロンドン	9,370.1	8,062.5	16.2
3	Interpublic Group of Cos.	ニューヨーク	6,200.6	5,863.4	5.8
4	Publicis Groupe	パリ	4,777.3	4,408.9	8.4
5	Dentsu	東京	2,851.0	2,393.0	19.1
6	Havas	シュレンヌ（フランス）	1,866.0	1,877.5	-0.6
7	Aegis Group	ロンドン	1,373.6	1,067.4	28.7
8	Hakuhodo DY Holdings	東京	1,372.4	1,178.8	16.4
9	Asatsu-DK	東京	473.3	413.9	14.3
10	Carlson Marketing Group	ミネアポリス	346.9	322.4	7.6

（出所）　Adverising Age 調べ。

るのは、グローバルかつトータルなマーケティング・コミュニケーション戦略が広告主から強く求められている事情がある。元来アメリカの広告会社は、メディアによる広告コミュニケーション以外のPR, SP, 事業イベント, ダイレクトマーケティングなどはそれぞれ外部に専門会社が育っていたために、そのような機能をもつまでもなかった。日本の場合は、外部に広告主の要求に応えられるほどの専門会社が発達していなかったため、広告会社が自社内にその機能をもたざるをえなかったわけである。一方、アメリカでは、広告主が広告, PR, SP, などを別々の会社に依頼することにより、トータルなコミュニケーション戦略に不都合が生じる結果となった。このような反省のもとに、近年 IMC (integrated marketing communications；統合化されたマーケティング・コミュニケーション) が浸透するなかで、いわば広告主へのワンストップサービス体制の強化がメガ・エージェンシー化を促進した、もう1つの大きな要因でもある。

このようにグローバル化、マーケティング・コミュニケーションの統合化によって、生まれた欧米のメガ・エージェンシーは、今後も国内広告会社の再編を大きく左右していこう。

2 広告ビジネスの変化

広告取引の変化　広告会社の基本的な仕事は、広告主からの依頼によって、目的に適った広告物を制作し、それを効果的に伝達するための媒体を確保することにある。制作業務は、CM制作の場合でみると、広告会社が絵コンテなどで企画したものをもとに、実際のタレントの出演、CM撮影、演出な

どは，外部のタレント事務所やCM制作プロダクションにディレクションし，協力を得て業務が遂行される。

一方，媒体業務は，広告主に代わって，広告会社が媒体プランニング業務をもとにして放送局と料金交渉して，CMを流すための時間枠を購入するという，媒体のプランニングおよびバイイングが仕事である。制作業務と媒体業務，どちらがなくても成立しないのが広告業務であり，その意味では対等の価値をもったものである。

だが，広告会社の収入からみると，制作費よりも媒体に制作物を入れて，媒体社から得られる媒体手数料（コミッション）収入に大きく依存した構造となっている。媒体社が設定する媒体料金には，広告会社の利益となる媒体手数料（通常10～20％位）が含まれており，広告会社は，取引が成立した場合，広告主へは媒体料金どおり請求し，媒体社には，媒体料金からコミッションを引いた金額を支払うことになるため，差額となるコミッションが広告会社にとっての儲けとなるわけである。

とくにテレビの場合は，他の媒体と比較して，媒体料の絶対金額が高いため，自ずとコミッションの収入も大きく，全国向け番組スポンサーを決めれば，売上金額が大きいばかりではなく，CM素材1本で全国放映が可能で，作業的にも効率のよい仕事でもある。事実，大手広告会社になればなるほど，とりわけテレビ広告の媒体扱いによるコミッション収入の依存度が大きい。

媒体社からの報酬方式である，コミッションに対して，広告主から，制作費，企画費，調査費のように，具体的な制作物が伴う業務に対して，広告会社に支払われる報酬方式をフィー（fee）と呼んでいる。コミッションは，媒体枠の販売に伴う媒体社側が

図6-3 日本における広告取引

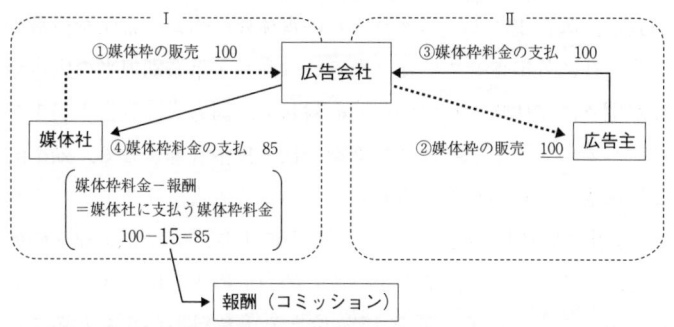

```
┌──────────── I ────────────┐ ┌──────────── II ────────────┐
    ①媒体枠の販売 100              ③媒体枠料金の支払 100
            ┌─────→ 広告会社 ←─────┐
  媒体社 ←──┤           ↓         ├── 広告主
    ④媒体枠料金の支払 85    ②媒体枠の販売 100
   (媒体枠料金-報酬
    =媒体社に支払う媒体枠料金
    100-15=85)
            ↓
        報酬(コミッション)
```

(出所) 公正取引委員会［2005］,「広告業界の取引実態に関する調査報告書」。

設定した手数料だが,フィーは,広告主の依頼に対して,提供したサービス,スタッフなどのタイムチャージなどを積算したサービス,労働の対価としての性格をもつものである。

 テレビ,新聞などマスメディアの媒体扱いは多額となり,それに乗じて広告会社のコミッション収入も大きいため,広告主は,CM制作費など実費を伴う場合は別として,企画料などのフィーベースの業務への対価意識は希薄化している。つまり広告主としては,このようなフィーベースの対価は,コミッション収入に含めて広告会社に支払っているという意識のため,無償のサービスとなっているわけである。

コミッションの低率化とフィービジネスの開発 日本の広告会社にとっては,制作費などフィーベースの業務ではなく,マスメディアの扱いによる媒体手数料(コミッション)収入が大きいが,近年その屋台骨である手数料率が低率化してきている。

 その原因は,「セントラルメディアバイイング」方式を採用す

る広告主が,増えてきたことによる。これは,従来の媒体購入の方式が,広告主によってそれぞれの媒体枠の購入,確保を複数の広告会社に分担させていた,あるいは商品・事業別担当の広告会社が別々に媒体購入していたのに対して,同方式は広告主が1社にすべてのメディアバイイングを一括・集中管理させて,効率的な媒体購入を行おうというねらいである。広告主サイドからみれば,1社に媒体扱いを集中させることにより,コミッションの低率化,端的にいえば,取引上のまとめ買いによる値引きを広告会社に迫ってきている。通常15%位ある手数料率が5%未満になるケースも珍しくなく,広告会社が低下した分を媒体社に転化できない状況では,結果として自らの利益を吐き出すことになる。そのため,セントラルメディアバイイングを受け入れできる広告会社は,経営体質が強い,ごく少数の大手広告会社に限られ,ますます寡占化を促す傾向となってきている。また,セントラルメディアバイイングによって,媒体扱いを受けた広告会社にとっても,コミッションの低率化は大きな経営問題となってくる。今後さらに進んでいくことを考えると,一方では低率化をカバーするためのフィーベースの業務の開発が求められている。企画,メディアプランニング,コンサルテーションなど媒体購入に直接結びつかない業務に対しても,広告主・広告会社双方納得のうえ,サービス・労働の対価としてフィーを設定することが広告会社のビジネスを疲弊させないためにも必要となってくる。つまり,コミッションの低率化は,一方ではフィー業務の補償が伴って健全に機能するものであり,そのうえで今後はアメリカのようにフィー取引主体へと移行していくものと思われる。

　ちなみに全米広告主協会の調査によると,アメリカでは2004

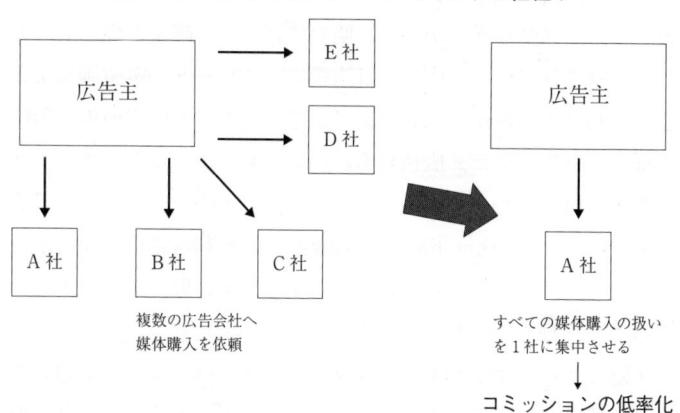

図6-4 セントラルメディアバイイングの仕組み

```
広告主 ──→ E社
     ──→ D社
     ↓  ↓  ↘
   A社 B社 C社
   複数の広告会社へ
   媒体購入を依頼

         ⇒

   広告主
     ↓
    A社
   すべての媒体購入の扱い
   を1社に集中させる
     ↓
   コミッションの低率化
```

年現在の広告取引の74%がフィー契約で,1994年ではコミッション取引が60%,フィー取引が35%だったことからすると,取引比率の逆転が起こった97年を契機に,従来のコミッションからフィーへ大きく移行したことになる。

インターネットによる新しい広告形態 前述したとおり,2005年の日本の広告費では,既存マスメディア4媒体とも前年比を下回っているなかで,インターネット広告は2808億円と前年比約155%の高い伸びを示し,このままの伸びを示せば,1,2年以内に雑誌広告を上回ることも十分予測される。

インターネット広告は,バナー広告,メール広告,リッチメディア広告,モバイル広告などがあるが,なかでも成長著しいのが検索連動型広告である。2005年では590億円と,インターネット広告全体の約2割のシェアとなり,新しい広告形態として定着してきている。これは,リスティング広告ともいわれ,グーグルなどの検索エンジンでユーザーがキーワード検索した際,キーワ

ードに関連性の高い広告が表示される仕組みで、バナー広告と比較しても、クリック率が高く、購買に結びつく確率も高いものとして注目されている。広告主は事前にキーワードと希望価格を登録するわけであるが、入札金額に応じてテキスト広告の掲載順位が決定される。また、広告料金についても、クリック単価とクリック率を掛け合わせて設定されるため、効率的な広告投下が可能であり、ROI (return on investment；投資利益率) が明らかなことから、従来広告を打たなかった中小企業の取り込みによって、広告主の裾野を広げたともいえる。

また、グーグルが開発した「アドセンス」はコンテンツ連動型広告と呼ばれ、企業のホームページやブログなどの個人サイトの内容をキーワードで読み取り分析し、それに適したテキスト広告を配信・掲載するものである。たとえばインテリアに関するブログに、家具販売店の広告が表示されるもので、ネット利用者の興味、関心に合った広告のため、高い反応が見込まれるものである。こちらも検索連動型広告同様、クリック保証型の広告料金形態となっている。

マスメディアと違って、インターネットでは、双方向機能を生かしたターゲティングが大きな特徴である。オプトインメールのようにあらかじめ許諾・登録されたユーザー属性情報をもとに、ターゲットごとにマッチした広告を配信したり、アドセンスのようにそのときの関心事や文脈（コンテキスト）に応じて広告を配信するターゲティングも可能である。

インターネットでは、ホームページにアクセスしたユーザーの記録がアクセスログとして残り、それを解析することによってユーザーのサイト上の行動まで把握することができる。それをター

図6-5 行動ターゲティングの仕組み

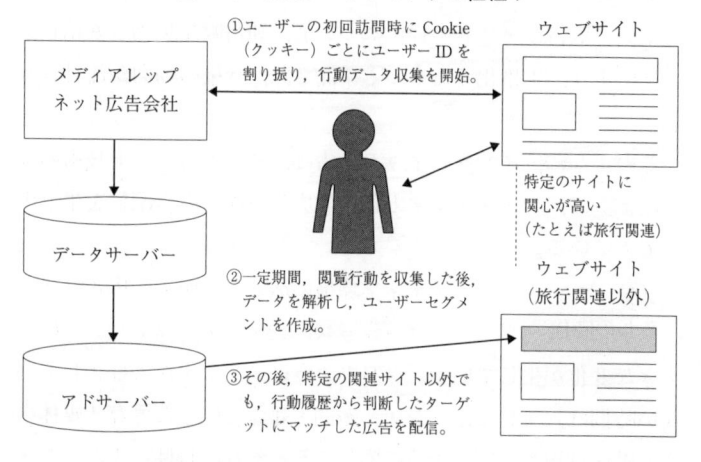

①ユーザーの初回訪問時にCookie（クッキー）ごとにユーザーIDを割り振り、行動データ収集を開始。

メディアレップ
ネット広告会社

ウェブサイト

特定のサイトに関心が高い（たとえば旅行関連）

データサーバー

②一定期間、閲覧行動を収集した後、データを解析し、ユーザーセグメントを作成。

ウェブサイト（旅行関連以外）

アドサーバー

③その後、特定の関連サイト以外でも、行動履歴から判断したターゲットにマッチした広告を配信。

ゲティングに役立てようとするのが、行動ターゲティング広告である。

これは、一定期間、ネット利用者のウェブサイトの行動履歴から、何に関心、興味があるのかを把握して、それをもとにユーザーの関心を引きつける広告を配信するものである。たとえば、旅行関連のウェブページをよく閲覧している人には、それ以外のページ閲覧時においても旅行会社の広告が配信される仕組みである。行動履歴からどのようにユーザーを分類、分析を行うか、それをどのように利用して広告効果を導き出すのかなどが、行動ターゲティングの重要な点となるが、アメリカでは行動ターゲティング技術を提供している企業に、レベニューサイエンス社、TACODA Advertising.com などがあげられる。アメリカでも検索連動型広告が定着した後、行動ターゲッティング広告に関心が移ってきており、今後日本でもDAC（デジタル・アドバタイジ

ング・コンソーシアム）がレベニューサイエンス社と行動ターゲティング広告サービスの提供について，独占販売契約を締結したことにより，本格化するものと予測され，今後の動向が注目される。

このように，インターネット広告は，インターネット技術の進展によって，マスメディアと違った広告形態，広告配信を生み出してきている。

メディアニュートラルの時代　　メディア環境の激変のなかで，広告コミュニケーション，メディアプランニングにも大きな変化が生じている。今日のようにメディアが多様化していない時期は，テレビ，ラジオ，新聞，雑誌といった既存4媒体中心の媒体選択で，広告予算に応じてそれぞれの特性を生かしたメディア・ミックスが行われていた。

ところが既存メディアに，インターネットや携帯電話，デジタル放送などが加わったことにより広告媒体の選択肢の幅も広がってきている。すべての既存メディアは一方向のメディアであるが，パソコンのウェブサイトや携帯電話のインターネットは，双方向機能をもったメディアである。そのため，従来のメディアミックスのように単純に横並びに据え置くのではなく，マスメディアと双方向メディアをどう掛け合わせるかといった，クロスメディアの視点での広告コミュニケーション手法の開発が求められている。

すでにクロスメディアの手法としては，マスメディアをウェブサイトへ誘導するためのポータルとして利用するケースが目立ってきている。LifeカードのテレビCMのようにURLを表示して，CMの続きは複数のコンテンツが用意されたウェブで見てもらうといったものや，三井不動産やNECのように検索エンジンを前

図6-6 メディアニュートラルによるタッチポイント

- テレビ
  - 地上波
  - BS/CS
- ポータルサイト
- パブリシティ
- 新聞
- 雑誌
- ラジオ
- 交通広告
- 屋外広告
- スポンサーシップ
- 検索エンジン
- ブログ
- ネットムービー
- ケータイ
- プロダクト・プレイスメント
- ポッドキャスティング
- プロモーション
- 生活者

提とした，CMでキーワードを表示し検索を促す手法などが出てきている。このようなリンケージされた手法は，テレビとウェブサイトだけではない。新聞，雑誌，ポスター，パッケージなどにQRコード（2次元バーコード）を表示し，携帯電話のカメラ機能を利用してそれを撮影してモバイルサイトへ誘導し，プロモーションに結びつけるクロスメディア手法も一般に行われている。

また，広告クリエイティブについても，テレビは15秒や30秒のCM，新聞は段数による広告といったように定型化されたものばかりでなく，長尺のインフォマーシャル，ショートムービーなどブロードバンド・コンテンツへのスポンサード，アウトドアメディア（またはOut of Homeメディア）における新たな広告スペースの開発など，メディアに応じたクリエイティブの開発，自由度も広がってきている。

2 広告ビジネスの変化

クロスメディアとは別に、ブランドと顧客との接点、タッチポイントからみると、メディアを介した広告コミュニケーションのほかに、顧客のブランド形成に影響を与えるものは、パブリシティ（新聞記事など）、店頭でのプロモーション、セルストーク、あるいは口コミといったように、顧客が経験するあらゆるものが作用する。そのため、広告以外のPR、SP、口コミなどを統合化したマーケティング・コミュニケーションも今まで以上に求められている。

生活者を基点にして、それを取り巻くメディアやコミュニケーション領域のなかで、どこに接点、タッチポイントがあるのかを探ったうえで、メディアプランニングを行う必要がある。テレビなどのマスメディアも選択肢の1つであるという、ニュートラルな立場で媒体戦略を再構築する時期に差し掛かっている。

このように広告会社は、マスメディアとインターネットを連動させるクロスメディアやマーケティング・コミュニケーション全領域をいかに統合するかといった統合型コミュニケーションなど、高度なコミュニケーション機能が求められている時代を迎えている。

《参考文献》

手嶋浩己・坂下洋孝・永松範之［2005］、『図解ビジネス実務事典 ネット広告』日本能率協会マネジメントセンター。

寺田信之介編［2002］、『よくわかる広告業界』日本実業出版社。

日経広告研究所編［2005］、『広告白書』（平成17年版）日経広告研究所。

*Column*⑥ 番組と CM の融合

　HDD 内蔵の DVD レコーダーによって，カセットテープを使わずにテレビ番組が長時間録画でき，好きなときに再生する視聴スタイルも増えてきている。視聴者によって利便性がある HDD 録画であるが，放送業界，広告業界にとっては，番組内あるいは番組間に挿入されている CM が再生時にいとも簡単にスキップされることが懸念されている。番組再生時での CM スキップが常態化されると，テレビ CM の広範な伝播力，強制力が弱まり，媒体価値の低下が免れなくなってくる。

　そこで，HDD 録画による CM スキップを回避する対抗策として，従来の番組（コンテンツ）と CM 枠が歴然と分かれている状態から，番組と広告を融合させ，両者の境を曖昧とする試みが起こっている。映画の本編に企業の商品やメッセージを露出させる，プロダクト・プレイスメントの手法を取り入れたネット上で配信されるショートフィルムや，日本テレビで放送された『東京ワンダーホテル』のように，テレビドラマと CM が一体となった従来と違った，番組提供スタイルも出てきている。

　このような番組と広告の融合は，新しく感じられるが，実はテレビの創生期の頃には，すでに番組内で商品を露出することは行われていた。1955（昭和 30）年開局のラジオ東京テレビ（現在の TBS）が最初に放送したテレビドラマ「日真名氏飛び出す」では，主人公がスポンサーの三共製薬のドリンク剤を飲むシーンが登場したりした。

　テレビがマスメディアとして発展するにつれ，テレビ番組とスポンサーの関係も変化していった。番組提供料も 1 社では負担しづらい金額となってから，複数社で番組内の CM 枠をもつため，番組内容に関与しづらくなったわけである。このように番組と広告の融合は，初期のテレビ番組とスポンサーの関係に立ち戻る，原点回帰を促す要因となっている。

第7章

映像コンテンツ

(写真提供：共同通信社)

今，メディアで流れる作品は，マルチ・ユースが当たり前となってきている。1つの作品が，映画でもテレビでも流れ，小説やゲームになったり，グッズが売られたりする。いろいろな媒体へ展開することを通して，作品単位での有効活用を模索する。これは従来からある媒体単位の分析という縦糸に加えて，コンテンツ単位の分析という横糸の視点が求められていることを意味する。本章では，その横糸のうち，映像コンテンツを取り上げる。

1 映像コンテンツの基幹となる映画

　さまざまなメディアで流れるコンテンツは，その程度の差こそあれ，共有されることが当たり前になってきた。映画は後々，テレビで放送される場合がほとんどであるし，ヒットしたテレビ番組の映画化もよく行われる。ゲームがテレビ番組や映画になることも珍しくない。こうした戦略を最初に展開したのは映画であった。一本の作品にかけられる予算や作品の多様な展開を考えると，映画は，依然，メディア・コンテンツの基幹的位置づけにある。

映像コンテンツ産業の概観　もはや映画館でしかみることのできない作品は，きわめて例外的である。映画館で上映された後，それはセルビデオとして売られ，さらにその後にレンタルビデオ店でのレンタル開始や有料放送での放送，地上波放送での放送，最後はシンジケーション市場☆への売却と続いていく。こうして作品を逐次的に新しい媒体へ展開する戦略をウインドウ戦略（Windowing）と呼ぶ。またこの過程で，作品で使われた映像やストーリーの出版，音楽 CD，キャラクターの玩具や文具，イベント興行など，映画のなかで使われているさまざまな知的財産（intellectual property）の活用によって，より大きな収入を得ることもよく行われるようになった。これを版権ビジネス（licensing business）と呼ぶ。これらを合わせて，マルチ・ユースとも呼ぶ。

☆**シンジケーション市場**
放送事業者などの事業者を対象とした，映像作品の中古/インディ市場とでもいうべき市場。

こうしたウインドウ戦略や版権ビジネスを早い段階から広く展開していたものは映画であるが，現在では，映画のものだけではない。テレビ，ゲーム，アニメーション，音楽など，あらゆる映像コンテンツがこの戦略を活用している。「ポケットモンスター」はゲームからテレビ，映画へと展開したものであるし，「踊る大捜査線」はテレビから映画へと展開したものである。

　しかしマルチ・ユースという視点では，依然，映画が中心的役割を担っている。地上波テレビ放送やCATV，衛星放送，家庭用ビデオの普及など，新しい媒体や機器が生まれるたびに，映画はその普及のキラーコンテンツ☆と目されてきた。またそれに答えるだけの魅力をもったコンテンツやアーカイブの膨大さが映画にはある。

産業の規模：定量的概観　産業の規模を定量的に概観しよう。映画とテレビは協働的であると同時に競争的である。上述のようにコンテンツの相互利用が活発に行われている一方で，歴史のなかでは，テレビが映画の領域に大きく食い込んで行った。そもそもテレビがまだ普及していない時代（1950年代頃まで），今はテレビを通して見ているようなニュース，ドキュメンタリー，短編ドラマのすべてを映画が供給してきた。テレビの普及はこれらを映画から奪い，映画を大作分野（高予算・長編）へ特化させることになった。

　このようなすみわけは今でも続いているといってよい。テレビは，映画に比べると相対的に低予算な作品が中心であり，高予算

☆**キラーコンテンツ**
あるシステムやサービス全体の普及を大きく飛躍させるような魅力をもつコンテンツやソフトウエア。

表7-1 映像コンテンツ産業の市場規模

	1次市場（億円）		マルチユース（億円）		計（億円）
映画ソフト	劇場上映	1,968	ビデオ，衛星放送，CATV，地上テレビ放送，インターネット・携帯電話	6,116	8,084
ビデオソフト	販売，レンタル	2,693	インターネット・携帯電話（衛星放送，CATV，地上テレビ放送）	143	2,841
地上テレビ番組	地上テレビ放送	25,286	ビデオ，衛星放送，CATV，インターネット・携帯電話	1,944	27,230
衛星テレビ番組	BS，CS放送	2,590	CATV，衛星放送，地上テレビ放送（ビデオ）	2,461	5,050
CATV番組	CATV放送家庭用ゲーム，	62	（ビデオ，衛星放送，地上テレビ放送）	—	62
ゲームソフト	アーケードゲーム	4,359	インターネット・携帯電話	350	4,710

（出所）総務省［2005］。

な大作となると映画が中心である。たとえば，日本映画の最上位レベルでは50億円クラスの制作予算まで上がる。また興行成績のトップに連ねる作品でも5〜30億円ほどを要している。ハリウッド映画になると最上位レベルでは制作予算が2億ドルに上がる。そこまでいかなくとも1億ドルクラスは多い。一方，テレビ番組でもっとも潤沢な予算がかけられるものは，ゴールデンタイム（19時〜22時）やプライムタイム（19時〜23時）と呼ばれる時間帯に放送される番組であるが，1本（1時間）番組に1億円の予算がかけられるものは，ほとんど例外的な存在である。

こうした高予算のもとでの制作は，一般論として，作品の魅力を高め，上述のウインドウ戦略や版権ビジネスを行いやすいような応用可能性を作品にもたせることになる。他方で，映画を非常

にリスクの高いビジネスとしてしまった。ウインドウ戦略や版権ビジネスは，こうした高リスクに対するリスク分散の一方策でもある。

2 映画のビジネス・プロセス

本節では，映画を例にとって，作品がつくられていく過程を，ビジネス・プロセスとして概観する。作品の展開は，大きく4つの段階に分けて考えることができる（図7-1）。

図7-1 映画のビジネス・プロセス

企画・開発・財務
1. コンセプト・メイキング（idea conception）
2. 権利獲得（rights acquisition）
3. 脚本作成（script writing）
4. 市場調査（market research）
5. 財務調達（financing）
6. 才能の探索（search for talents）
7. 投資家と才能への売り込み

制　作
1. プレ・プロダクション（pre production）
2. プロダクション（production）
3. ポスト・プロダクション（post production）

配給・興行
1. 劇場公開（theatrical release）

版権ビジネス（マルチユース）
1. ビデオ化（video）
2. 有料放送（pay TV）
3. 一般放送（free TV）

①企画・開発,財務(ディベロップメントとファイナンス)
②制作(プロダクション)
③配給・興行(マーケティング)
④版権ビジネス

　テレビ番組の場合には,①②の作業がさらに時間的に圧縮された形で行われることが強いられる。なぜなら 365 日 24 時間の番組編成を埋めるために要求される作業量は膨大であり,とくにそれは(単発ではなく)シリーズ物の場合に顕著となる。また,さまざまな意思決定の局面において,各局編成部および広告主や広告代理店が強い権限をもつことが特徴である。

企画・開発と財務　映画の企画を行うのは,映画をつくりたいと考えるプロデューサーである。それは東宝・東映・松竹・角川といった大手映画会社の社員プロデューサーの場合もあるし,TV 局の映画部の責任者,また名を成した映画監督の場合(基本的には,プロデューサー〔Producer〕と監督〔Director〕は役割の異なる別人である)もあるし,タレント事務所の場合もある。いわゆるインディと呼ばれるような独立の個人の場合もある。この先,映画の実現へ向けてさまざまな企業・個人と取引契約を結んでいくことを考えると,個人の場合には何らかの企業組織を起業するほうが望ましい。また日本での大作製作の場合は,企画段階からウインドウ戦略を視野に入れ,その作品を利用する媒体各社や版権ビジネスのパートナーによって組織される製作委員会の幹事を務める会社の社員の場合もある。

　何よりもまずどんな映像作品をつくりたいかというコンセプトを明確にしなければならない(コンセプト・メイキング)。それはある小説の映画化かもしれないし,テレビ番組やゲーム,マン

ガの映画化かもしれない。これらのように原作や元になる知的財産（たとえばキャラクター）がある場合には，映画化の権利契約を原作者や知的財産権利保有者と結ばなければならない。権利が獲得できたならば，原作を元にして映像作品用に脚本を作成しなければならない。そのために脚本家と契約を結び，脚本の制作を依頼しなければならない。同時にこの段階から，いかに市場へアプローチするかを明確にする必要がある（流通チャネルの開拓）。それは配給・興行会社やテレビ局，ビデオ会社，海外の販売代理店など，学術的にはゲートキーパー（gatekeeper）と呼ばれる組織・個人へのマーケティング活動を行うことである。製作委員会方式ならばすでにこれがほぼ確保されたものとなるが，独立系の場合はこれを早く確保して，作品が末端の観客・視聴者に届くように流通チャネルを開拓していく必要がある。また財務資源の調達もこの段階の作業である。これら，まだ企画開発段階にある作品が広くマーケティング活動を行えるように，ロッテルダムや釜山，東京などの映画祭に付随して，企画市場が開催されるようになってきた。

　上述のように，映画は非常に膨大な予算で製作されている。その金額は容易に借り入れできるものではない。したがって，金融機関，投資家，大手映画会社など，主たる出資者に作品を理解してもらい，出資を募ることになる。またその作品をつくるにあたっての鍵となる才能（たとえば出演者，監督など）の探索と契約交渉も進めなければならない。優れた才能はスケジュールがタイトであり，同時に大きな報酬を充てる必要があることから，早い段階で契約を結ぶことが求められる。

制作（プロダクション） 制作の段階は，さらに細かく，プレ・プロダクション，撮影，ポスト・プロダクションの3段階に分けられる。

プレ・プロダクションは，その名のとおり撮影前の準備作業となるが，主たる作業は，出演者の選定・確定，主要スタッフの確保，撮影スケジュールと予算計画の精緻化，保険加入等，滞りなく撮影が行えるようにするための準備作業が含まれる。

撮影時は，単に出演者や主要スタッフだけでなく，音響や照明，衣裳，ヘアー，メイクといった専門スタッフも作業に参加する局面となる。もっとも作品のできを左右する作業を行う局面であり，充実した作業が求められる局面であるが，しかしビジネスとしては緻密な計画が要求される局面である。大作になると，撮影時には，1日数百万円，数十万ドルの単位で支出が増える。撮影が延びれば，その分だけ製作費がかさむことになる。撮影スケジュールは合理的に最短化するような立案が求められるが，天候不順や出演者の体調など予定外の出来事の発生や，撮影時になってから判明する追加的な作業の発生などに対応するスケジュール上のバッファーも考慮に入れておく必要がある。

ポスト・プロダクションは，編集を中心とした作業になる。撮影時に撮ったフィルムから作業用のコピーを作成し，編集を行う。まずはどの映像を実際の本編として使うかを決定するために仮編集を行い，試写ののちに使用する映像を決定する。そして音響効果，タイトルやエンドロール，アフレコ，BGM等の追加作業・調整が行われ，本編集となる。その本編集でつくられたものがマスターとなり，そのマスターから各劇場での上映の際に使われるプリント（上映用フィルム）がコピーされる。

配給・興行（マーケティング）　配給（Distribution）・興行（Exhibition）は、いわば一般の財における流通と小売に相当する、マーケティング機能を担う活動である。一見、映画やテレビは作り手の思いが込められたプロダクト・アウト☆型の性質を強くもつ商品である。しかし、それではますますハイリスクの性質を極めることになる。大作映画では、少しでもマーケットイン☆する努力によってリスクを下げ、収益を上げることをめざしている。

そうしたマーケットインする努力は、企画段階から始まる。ハリウッドには「ハイ・コンセプト」（Wyatt［1994］）という概念がある。これは一般の聴衆が容易に興味をもてるようなわかりやすいコンセプトをもった市場性の高い作品制作の考え方を指す。その対極にあるものは、たとえば、芸術家がその前衛性を強く打ち出し、一般の人びとには「解釈者」なしには理解しにくいものなどである。ハイ・コンセプトのもとでつくられた作品は、配給・興行段階で、宣伝しやすいし、売り込みやすくなるのである。

作品によっては、制作段階までに配給業者が決定していない場合、あるいは輸出先国を増やしたい場合もある。こうした作品は、販売代理店（Sales Agency）や配給業者（Distributor）を相手にしたマーケティングを行わなければならない。伝統的には、主要な映画祭に付随した映画配給市場（たとえばカンヌ、ベルリン、アメリカン・フィルム・マーケット、日本ではT!FFCOMなど）

☆プロダクト・アウト
革新的技術の利用など、売り手の論理や思い入れを優先した製品開発・生産・販売行為。

☆マーケットイン
消費者のニーズを優先した製品開発・生産・販売行為。

2　映画のビジネス・プロセス

にて，作品の試写やさまざまな宣伝ツールの配布などのマーケティング活動が行われてきた。

また撮影段階から，さまざまな媒体（マスメディア，専門雑誌，批評家など）が作品に好感をもち，より優位な報道，より大規模な報道を行ってくれるように，積極的に情報を提供する広報活動（これをパブリシティと呼ぶ）も行われる。その手段として宣伝ツールが配られることになるし，また撮影中には，プレス視察団（Press Junket）と呼ばれる，媒体向けの撮影見学会が行われることもある。

これらに必要な宣伝ツールには，セールス・ブローチャー（買付業者向け），プレス・キット（報道機関向け）と呼ばれるパッケージがつくられ，そのなかには，シノプシス，スティル写真，ポスター，予告編といわれるショーリール（興行主向け，15分程度），ティーザー（劇場内での予告編，90秒程度），トレイラー（劇場内での予告編，2～3分程度），などが含まれる。これらの宣伝ツールの多くは，制作段階でつくられるが，なかには本編用の素材の転用ではなく，宣伝ツール用に撮影することもある。

最終ターゲットとなる観客相手のマーケティングは，配給業者と興行業者が主たる担い手である。劇場興行の成功は，後の版権ビジネスの成功を左右するものとなるために，きわめて重要である。ここで払われるマーケットインへの努力とは，作品に適正なターゲット観客☆の設定と，それらへの訴求である。通常，ターゲ

☆**ターゲット観客**
その映像作品が標的とする観客群やある属性に基づく観客層。作り手が観てほしいと思う観客層，配給・興行会社が集中的にプロモーションをかける観客層など。

ット観客属性は，市場細分化（market segmentation）属性として用いられるデモグラフィック属性（性別・世代別）やソシオ・エコノミック属性（社会階級別）にて区分・設定される。しかし，企業の差別化戦略として考えるならば，細分化属性を差別化することも肝要である。またターゲット観客属性は1つである必要はないが，「すべての人」というのは，たとえ大作であっても失敗のもとである。また作品がどんなジャンルに属するかを考えることは，ターゲット観客設定に役に立つ。できあがった作品がどういった属性の観客への訴求度が高いか，それを見極める機会が試写会である。試写会でつぶさに観客を観察し，その結果，企画・制作段階で設定していたターゲットを変更することすらある。こうした事例はLukk［1997］に豊富である。

ターゲット観客への訴求は，パブリシティ，広告，プロモーションを中心に行われる。戦略目標としては，「認知→興味→観たいという意識の形成」という行動をターゲット観客に起こさせることである。これはマーケティングの教科書にある「AIDAモデル」そのものである。映画は評価属性が多く，経験財であり，またほとんどの観客は一度観るだけなので，いかに口コミ（word of mouth）のよい先行評判を起こすかが，訴求の要となる。

版権ビジネス　上述のように，劇場での公開の後，セルビデオ，レンタルビデオ，有料放送，地上波放送，シンジケーターへの売却という典型的な順序で，作品のウインドウ戦略が行われ，同時並行的にさまざまな版権ビジネスが行われる。

当初，ウインドウ戦略は映画で行われた。テレビの出現以降，映画は大作主義を極めた結果，高費用な体質となってしまったために，少しでも収入を増やすための手段であった（ねらい①）。

収入以外にも，ウインドウを変えることで，新しい需要や繰り返し需要を掘り起こすねらいもある（ねらい②）。またウインドウ戦略で販売される放送権等の権利を，制作前に前売りして，より多くの制作費を事前に集めて，より作品の魅力を増す，といったねらいもある（ねらい③）。

映画のキャッシュフロー構造（制作時は巨額の支出がある一方で収入がほとんどない構造）を考えると，大きな収入の見込めるウインドウから順に開けて早く現金を得ることが望ましい。また，ねらい②を極大化するようなタイミングで，新しいウインドウを開けることが望ましい。そして不法コピー等の発生を考えると，それが生まれやすいウインドウは後へ送られるべきであろう。

作品で使われたキャラクターは玩具や文具になり，音楽はサウンドトラックCDや着メロとなる。映像そのものは写真集や小説化などの出版にもなる。いずれも作品のなかで使われている知的財産権を活用して新たな売上の機会を探るものである。また，その利用や商用活用の権利の外部の企業・個人への販売が，版権ビジネスである。版権ビジネスは，売上（ないしは制作費）の向上という目的以外にも，作品やキャラクター，出演者のブランド・エクイティ形成といった目的をもっている。したがって，版権の販売先は，作品等のイメージによく合致したパートナーや，作品等のブランド力を高めるようなパートナーであることが望ましい（版権ビジネスについてはRaugust［1996］を参照されたい）。

3 日本の映像コンテンツと世界の映像コンテンツ

映像コンテンツの世界では伝統的にハリウッドが強い競争優位

を発揮している。また,世間ではアニメやゲームは日本が強いといわれる。これらについて考えてみよう。

ハリウッドの圧倒的強さとその領域　アメリカにとって,映像作品の輸出は重要な(かつ数少ない)貿易黒字品目となっており,アメリカにとっての戦略的産業部門である。米欧間のメディア・コンテンツ輸出入は,映画で10倍,テレビ番組で17倍の格差があること,貿易黒字を生み出しているのはアメリカ,イギリスぐらいで,ほかの主要国(ドイツ,日本,フランス,カナダ)は赤字である(Hoskins et al [1997], ch.3)。

ハリウッドの競争優位の源泉にはさまざまな指摘があり,それを網羅することは容易ではないが,たとえば,広く社会科学全般の見地から,①アメリカの作品は平均的な嗜好をターゲットにしていること,②アメリカは多民族・多文化国家であること,③アメリカの政治・経済・科学の世界支配の結果,アメリカの価値観が世界に広まっていること,④アメリカは常に娯楽産業の技術開発の先端にあること,⑤映像はサービス産業であり,先進国では工業よりもそのウエイトが高いこと,⑥ハリウッド・メジャーの配給部門の世界支配の程度,あるいはそのリーチが広い,ことが考えられる(Noam [1993])。

より経営学や経済学の見地に立つと,FS (flexible specialization) 生産システムをもっとも早く,強力に推し進めたのがハリウッドであるとStorper [1989] が指摘する。通常の規格化された財であれば,生産工程において専門化と分業を推進し学習効果を引き出して職能の高度化を図り,合わせて大量生産による規模の経済性によって費用低減をねらう。しかし,映像作品は大量生産の対極にある一品生産である。一品生産における費用節約と職

能の高度化の両立を模索する方法の1つがFS生産システムである。ハリウッドという狭い地域に，多様な規模と職能をもつ多くの専門企業と才能が集積したことが，この実現を推したといえる。

これら以外にも，ハリウッドの競争優位の源泉として，企画・脚本段階での練りこみと十分な予算の手当て，制作から興行までの時間効率，A級映画とB級映画の権利の抱き合わせ販売，安定した興行機会と作品を確保するための配給主と興行主のあいだの垂直統合と系列的取引，決定的に大きな母国市場，などが指摘される。これらをまとめたものが図7-2である。他国よりも，リスクを緩和し安定した環境とシステムを構築しているといえる。

しかし，彼らがあらゆる映像分野で競争力を発揮していると考えることも行き過ぎである。確かに一本の予算で1億～2億ドルかけて映像を製作できる国はアメリカ以外にない。こうしたA

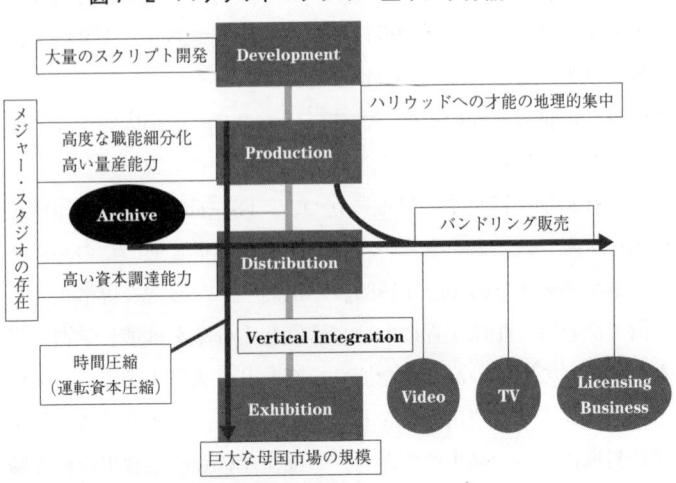

図7-2 ハリウッド・メジャー型リスク分散システム

級映画はハリウッドの独占状態である。またFS生産システム（あるいは集積の経済性）は，職能の高度化以外にも，B級映画の製作上のコスト競争力をもたらしたと考えられる。各国の放送局の立場からみると，たとえば深夜帯のように多くの製作予算をかけられない場合，自国で製作した番組よりも，ハリウッドのB級映画を放送するほうが得策と考えられる。だが，テレビのゴールデンタイム，プライムタイムでは，各国とも自国製作番組を中心に放送され，ハリウッド製が流れるのは，せいぜい，A級映画くらいである。日本でも，アメリカで人気を博したドラマやテレビ番組がときおり放送されるが，放送局にとって最重要な時間帯に放送されているとはいえない。つまりテレビ番組については，映画ほどにハリウッドは競争力を発揮していないとも受け取れる（Wildman and Siwek［1993］，Waterman［1993］）し，地域性の強いコンテンツともいえる。

アニメとゲームは日本の競争優位？　一般に，アニメとゲームは，日本の競争優位の分野といわれる。表7-2からわかるように，ゲームは圧倒的に輸出超過であることがわかる。また映画やテレビの輸出のなかに，「ポケットモンスター」や「ドラえ

表7-2　日本の映像コンテンツ輸出入

	輸　　出	輸　　入
映画	87.9億円	717.0億円
ゲーム	2255.1億円	30.0億円
放送番組	1433本	2656本

（注）　ゲームの輸入額は2000年度の数値。それ以外のデータは2002年度の数値。
（出所）　総務省［2005］，171～172頁。

もん」「ドラゴンボール」に代表されるような輸出競争力のあるアニメが多く含まれていることは容易に想像できる。

しかし映画やテレビ番組は、全体として大幅な貿易赤字である。またその赤字を補っているゲームについても、輸出の下降傾向がいわれるようになってきた。

4 国家戦略の中心に位置づけられたコンテンツ産業

一般に世界では、映画や放送産業は重要な政策対象の1つであり、各国では、第一次世界大戦終了のときから、その産業保護や振興を図ってきた。他方、日本はつい最近まで、いわば「自由放任」状態であったといっても過言ではない。しかし、ブロードバンド環境の整備は、日本においてもコンテンツという視点での産業振興が図られることとなった。

内閣府のなかには、時代を反映した戦略的な意図をもったさまざまな部署がつくられるが、そのなかの1つに「知的財産戦略本部」がある。1990年代後半のITブーム後の景気下降という環境のもとで、小泉首相は「知的財産戦略会議」を発足（2002年3月）、「知的財産基本法」成立（同年11月）、内閣府のなかに「知的財産戦略本部」を設置（2003年3月）し、コンテンツに対する関心を見せ始めた。日本は中央省庁改変に多くの困難が伴う国であり、その結果、縦割行政との批判がよく叫ばれるが、こうした機関は各省庁を通す横糸の役割を担うものと期待される。民間サイドにおいても、業種横断的に振興を図る「映像産業振興機構」のような組織が、業界各社や日本経団連の後押しのもとで生まれている。

西側を含むヨーロッパ各国では,第一次世界大戦終了後から,ハリウッドからの集中豪雨的な映像（映画,テレビ番組）輸出を受け,各国とも自国産業の保護,育成を行っている。その際の大義は,自国文化壊滅の危機に対する保護であった。それを受けて芸術的な価値の高い作品の制作活動への補助を中心とする支援がとられた。この姿勢がもっとも明確になったのは,GATTウルグアイ・ラウンド時（1986～94年）のフランスであろう。しかし,こうした支援がますますヨーロッパ映画を文化的ゲットーへ追い込むこととなり,ヨーロッパの競争力をさらに失わせるものとなった。1990年代の中頃からは,政策方針が変わり,商業的な拡大という姿勢が明確になってきた。その支援先も制作活動から,配給や興行へ分散するようになり,市場占有率の回復などがみられるようになってきた（詳しくは内山［2002］,内山・湧口［2002］を参照されたい）。

《より詳しく学びたい人のために》

映像コンテンツ産業全般を取り上げる文献としては,

・Litman, B. R. [1998], *The Motion Picture Mega-Industry*, Allyn and Bacon.
・菅谷実・中村清編［2002］,『映像コンテンツ産業論』丸善。

日本の映画産業を概観するものとしては,

・兼山錦二［1995］,『映画界に進路を取れ』シナジー幾何学。
・村上世彰・小川典文［1999］,『日本映画産業最前線』角川書店。

同様にアメリカを概観するものとして,

・Vogel, H. L. [1993], *Entertainment Industry Economics : A Guide for Financial Analysis*, 3rd ed., Cambridge University Press（内藤篤訳［1993］,『エンターテイメント・ビジネス――そ

の構造と経済』リットーミュージック)。

同様にヨーロッパを概観するものとして,

・Finney, A. [1996], *The State of European Cinema*, Cassel.

また,メディア分野のプロデューサー育成を目的としたカリキュラムにおいて使われるテキストとして,

・経済産業省商務情報政策局文化情報関連産業課(メディア・コンテンツ課)企画,C&R総研編 [2004],『プロデューサー・カリキュラム』C&R総研。
・Pardo, A. eds. [2002], *The Audiovisual Management Handbook*, Bird & Bird. (EUが設置したメディア・ビジネス・スクールにおけるテキスト)

《参考文献》

内山隆 [2002],「メディア・コンテンツ振興政策の手法と理論の考察——欧州映画振興策の経験から」『平成13年度 情報通信学会年報』。

内山隆・湧口清隆 [2002],「欧州政府と映画振興政策」菅谷実・中村清編『映像コンテンツ産業論』丸善。

総務省 [2005],「メディア・ソフトの制作及び流通の実態」(調査報告書) 2005年1月28日。

Hoskins, C., S. McFadyen and A. Finn [1997], *Global Television and Film*, Oxford University Press.

Lukk, T. [1997], *Movie Marketing: Opening the Picture and Giving It Legs*, Silman-James Press (サクラアキコ訳 [2003],『ムービー・マーケティング——映画宣伝の魔術』愛育社).

Noam, E. M. [1993], "Media Americanization, National Culture and Forces of Integration," in Noam, E. M. and J. C. Millonzi eds., *The International Market in Film and Television Programs*, Ablex.

Raugust, K. [1996], *Merchandise Licensing in the Television*

Industry, Broadcasting & Cable.

Storper, M. [1989], "The Transition to Flexible Specialization in US Film Industry : External Economies, the Division of Labour and Crossing of Industrial Divided," *Cambridge Journal of Economics*, 13, 273-305.

Waterman, D. [1993], "World Television Trade : The Economic Effects of Privatization and New Technology," in Noam, E. M. and J. C. Millonzi eds., *The International Market in Film and Television Programs*, Ablex.

Wildman, S. S. and S. E. Siwek [1993], "The Economics of Trade in Recorded Media Products in Multilingual World : Implications for National Media Policies," in Noam, E. M. and J. C. Millonzi eds., *The International Market in Film and Television Programs*, Ablex.

Wyatt, J. [1994], *High Concept : Movies and Marketing in Hollywood*, University of Texas Press.

Column⑦ デジタル・シネマ

　もっとも古い映像メディアである映画は，今まさにアナログから「デジタル化」の過程にある。映画の伝統的なスタイルは，セルロースやポリエステルでできたフィルムで撮影し，編集用の複写を別のフィルムに焼き直し，それを編集ののち作品のマスター・フィルムをつくる。そして，マスターから映画館へ上映するための複写（プリント）をまた別のフィルムにコピーする。またマスターはブリキ缶などに保存されてきた。

　フィルムは生ものであり，デリケートなものである。上映を繰り返すたびに，上映フィルムには傷が付き，スクリーンにはノイズが見えることになる。何もせず缶に保存しておくだけでも，フィルムの経年変化で少しずつ色落ち（退色）したり解像度が落ちたり，保管状態が悪ければ，フィルムが割れたりカビたりして，作品が失われていく。

　デジタル化はこれらの問題を解決する方法でもある。実際，映画のデジタル化は編集作業から始まった。撮影フィルムから編集フィルムをつくるのではなく，コンピュータに取り込み，デジタル処理するようになった。編集の容易さ，映像加工の柔軟さ，時間の速さは，フィルム時代とは比べ物にならない。現在進行中であるのは，上映のデジタル化である。デジタル映写機によって，ハード・ディスクや電子メディアに蓄積されたデジタル信号によって映画館での上映を行うものである。その際の技術規格として2kや4kと呼ばれる規格がデファクト標準となりつつある。撮影のデジタル化はこれからである。撮影や編集のデジタル化は，従来の映画の撮り方を大きく変えるものになるだろうし，編集や上映のデジタル化は映画のビジネス・システムを大きく変えるものになるだろう。

第8章

音 楽

(写真提供:共同通信社)

音楽産業を,音楽が生産され,宣伝され,販売される場,として捉えるならば,それはレコード産業を中心に考えることが順当だった。しかし,ある時期からそのような見方が必ずしも当を得たものではなくなってきた。現在では音楽の制作と宣伝は,必ずしもレコード会社のなかだけで行われてはいない。従来はレコード会社の周辺産業の位置にあった,アーティスト・プロダクションや音楽出版社なども,音楽の制作や宣伝に深く関与するようになった。さらに音楽の流通の場面でも変化が始まった。音楽がレコードやCDのようなパッケージメディアだけではなく,インターネットに代表される通信媒体を通して流通するようになり,従来は音楽産業の外にあったIT関連産業が,この分野に進出してきた。このように音楽産業は変化しつつあり21世紀に入りそれが加速している。本章ではこのような事象の要因と考えられる,メディアの進展やそれに伴って生じた,音楽の送り手と受け手の双方の変化などを見ながら,日本の音楽産業のこれまでの歩みと現状を考えてみる。

1 市場の縮小が進む世界の音楽産業

ソニーとBMG合併の衝撃　2004年7月,各新聞が「ソニーと独ベルテルスマンの音楽事業統合をEUが承認」の記事を報じた。世界のメジャー・レコード会社のうちの2社,ソニーとベルテルスマン（BMG）の統合が欧州委員会によって正式に認められたことを伝えるものだった。これによって世界のレコード産業のメジャーは,ユニバーサル,ワーナー,EMI,ソニーBMG,の4大メジャー時代を迎えることになったが,一時うわさされたワーナーとEMIの統合への動きが再燃するようなことがあれば,世界のレコード産業はそれぞれ約25％ずつのシェアをもつ,3大メジャーの時代になる可能性も皆無ではない。このようなメジャーの合併はこれが初めてのことではない。21世紀の初頭には,MCAとポリグラムが,アメリカの映画・娯楽の総合企業ユニバーサルによって統合され,現在のユニバーサル・ミュージックが誕生し,その時点で世界のメジャーは6社から5社に減少している。

　日本のレコード産業にはその中核を占める大手レコード会社や,それに次ぐ中堅のレコード会社の多くが加盟する日本レコード協会がある。そこに加盟する会社の数がこのところ大幅に減少している。1990年代後半には約30社が加盟していたが,2000年代に入ってからは約20社に減少した。これは従来までのようなかたちのレコード会社が,日本では減っていることを意味する。これも上記のような世界のメジャーの相次ぐ統合が大きく影響していることは明らかだ。たとえばポリドール,MME,MCAビクタ

ーなどは，新生ユニバーサルの誕生に伴い，ユニバーサル・ジャパンに統合された。外資同志の合併ばかりではなく，ファンハウスがBMGに，イースト・ウェスト・ジャパンがワーナーにそれぞれ吸収されたように，日本資本のレコード会社が外資のメジャーに合併されるケースも少なくない。

もちろん日本のレコード産業を構成するのは外資系のメジャー会社だけではない。ビクターエンタテインメント，エイベックス，キングレコード，ポニーキャニオン，バップ，テイチクエンタテインメント，フォーライフ・レコードなど日本資本のレコード会社もその一翼を担っている。しかしこれらの日本資本の企業のなかからも，バンダイ・エンターテインメント，メルダックなど，ここ数年のあいだに経営にピリオドが打たれたレコード会社がある。

このようなレコード会社の減少はどうして起こっているのだろうか。それは世界的なCD市場の不振がその大きな要因の1つであることは間違いない。今回のソニーとBMGの統合についても，長く続くレコード事業の不振に耐えられなくなったBMGが実質的にはそこから撤退するに等しいものであることは，新聞報道からも明らかである（日本経済新聞2004年7月24日付朝刊）。長い歴史のあるRCAレコードを引き継いだBMGの撤退は，RCAの事実上の終焉でもあり，さびしさを禁じえない。

歯止めが効かない CD市場の下降　日本のCD市場は1999年から現在に至るまで毎年生産高が減少し，市場規模の縮小傾向が続いている。図8-1にみるように，2003年にはオーディオレコードの生産高はついに4000億円を割り，98年に記録した6000億円の3分の2にまで下落した。生産高が3000億円台とい

図 8-1　CD・レコードの生産高推移

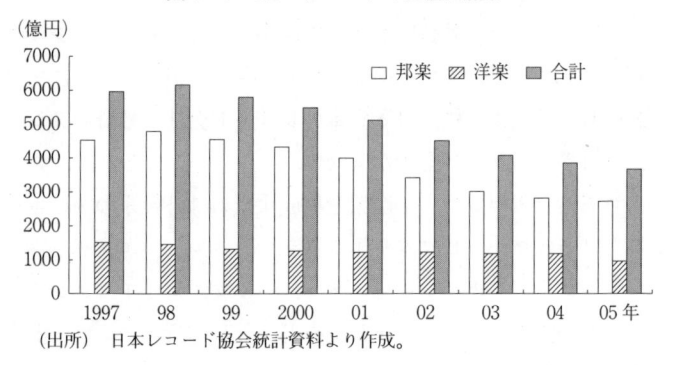

（出所）　日本レコード協会統計資料より作成。

うのは実に 13 年前に逆戻りということになった。2004 年も 3800 億円弱と下降の歯止めはかからなかったし，2005 年もその勢いは弱まったが減少は続いている。もちろんこの数字は日本レコード協会に加盟する，大手・準大手のレコード会社約 20 社の実績の統計であり，日本の市場に流通する CD のすべてを含むものではない。このほかにマイナーあるいはインディーズと呼ばれる中小のレコード会社があり，さらに海外から入ってくる輸入盤も流通している。しかし，日本の CD 市場でのそれぞれの売上比率は数パーセントとみられており，これらが大きく伸長しているという数字も報告されていない。このことからも日本の CD 市場は，レコード協会の統計が示すように不振が続いているとみることが妥当である。

このような傾向を裏づけるように，この時期の日本の音楽シーンではヒット曲やヒットアルバムが年を追うごとに減少するようになった。図 8-2 にみるように，日本の CD 市場におけるミリオンセラーの出現数は，1998 年の 47 作品（シングル 20，アルバ

図8-2 CDミリオンセラーの出現数推移

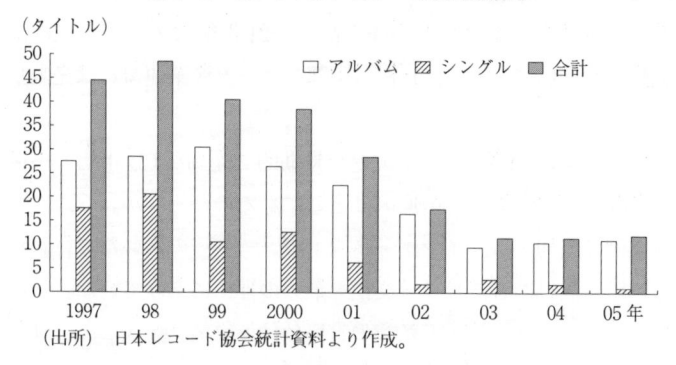

(出所) 日本レコード協会統計資料より作成。

図8-3 世界の音楽ソフト販売額推移

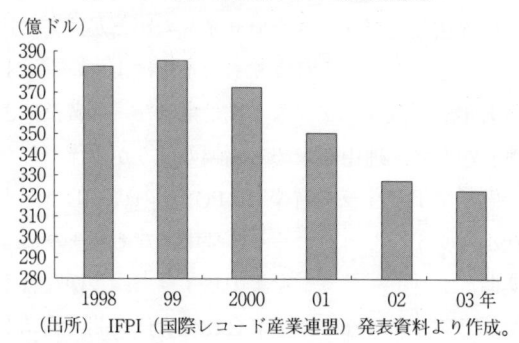

(出所) IFPI（国際レコード産業連盟）発表資料より作成。

ム27）をピークに年々減少し，2003年にはわずかに11作品にまで減少してしまった。この年のシングル盤は「世界にひとつだけの花」（SMAP）と，「COLOURS」（宇多田ヒカル）の2曲だけという淋しさだったが，その翌年2004年には，ついにシングル盤のミリオンセラーは，「花」（オレンジ・レンジ）のみとなり，さらに2005年も「青春アミーゴ」（修二と彰）のみという結果に終わった。

CD市場の縮小現象の連続という事態は，日本に限ったことで

1 市場の縮小が進む世界の音楽産業

はない。図8-3が示すようにアメリカ，ヨーロッパ諸国，日本を含む世界の音楽ソフトの売上高も，21世紀に入ってからは漸減傾向が続いていると，IFPI（国際レコード産業連盟）は発表している。

インターネットが
もたらした混迷
このような長期的で深刻なCD市場の不振の原因はどこにあるのだろうか。レコード産業側は当初から，インターネットでユーザーのあいだで行われている，無料の音楽ソース交換を最大の理由にあげていた。しかし，そのようなレコード産業の言い分は，マスコミなどでも疑問視されることが多かった。とくに日本ではナップスターやグヌーテラなどの違法な音楽ソース交換サイトの影響が欧米に比べて少ないということもあり，それよりも少子化によるレコードの購買層である若年層の減少，ゲーム・携帯電話などの普及による若者の音楽離れなどに，理由を求める論調のほうが主流だった。同時に最近の歌手やポピュラー音楽（J-POP）の質の低下，またレコード会社がミリオンセラーづくりに夢中になるあまりに，特定の歌手や楽曲にプロモーションを集中しすぎて，多様な音楽の提供を怠った，というようなレコード会社の責任を問う論調も少なくなかった。

ところが21世紀に入った頃からはレコード市場の縮小現象が，世界の主要国での共通のものとなり，各国のレコード産業がインターネットの影響を世界共通の最大の理由にあげるようになって，日本でのレコード産業側の見解に異論を挟む声もだんだん少なくなった。現在ではビジネスとしての音楽配信事業が軌道に乗る兆しはみえてきてはいるが，依然としてレコード産業を支えている基盤はCD市場であり，その不振はレコード産業にとって深刻で

ある。

　レコード産業があげた市場低迷の主たる理由は2つあった。1つはCDに収納されている音楽というコンテンツが、パソコンでコピーされるということであり、もう1つはそのようにコピーされた音楽が、旧ナップスターに代表されるようなインターネット上の無料の交換サイトや、CD-R、MDなどのパッケージに複製されて、ユーザーのあいだでやりとりされるという事態である。このような事態に直面したレコード産業は、これらの問題に手をこまねいていたわけではない。

　1つ目のCDのコピーという問題に対しては、レコード産業はCCCD、すなわちコピーガードつきCDや、コピー回数に制限を設けたレーベルゲートCDを開発して対処した。CCCDは「Copy-Control CD」の名称が示すとおり、通常のパーソナル・コンピュータではコピーができないように、特殊な信号を組み入れているCDである。しかし、これは新しいフォーマットではなく、しかも100％パーフェクトなものでもなかった。そのうえコピーガードのために加えられる信号が、CD再生の際に雑音を生じるとして、アーティストやユーザーのあいだでは評判が悪く、それがCDの売上の足をひっぱるマイナス要因にさえなりかねない、計算外の状況も起こった。

　2つ目のインターネット上の音楽の無料交換サイトの蔓延という問題については、アメリカのレコード事業者の団体であるRIAAが中心となって、政治的・法律的な手段を使い、長い時間を費やしてナップスターという元凶は駆逐した。しかし、その後も次々に新手の違法サイトが現れ、モグラたたき的攻防がいまも続いている。日本人の開発者が利用者による著作権侵害を手助け

した，として逮捕されたことで注目を浴びた映像交換サイト，ウィニーやそれに類するサイトも生き続けている。

2　メディアの変遷と音楽産業の歩み

メディアとレコード産業の伸展　いまメディアの変革期に揺れ動くレコード産業は，これまでもメディアの交代を何度も経験している。それではメディアが交代するごとにレコード産業は混乱を繰り返してきたのだろうか。決してそうではない。それどころか，これまでのレコード産業はメディアの進展変革をきっかけにして，その都度飛躍的な成長を遂げてきた。

たとえばレコードがSP盤の時代だった昭和初期には，それまでの機械録音から電気録音への移行という技術革新が起こり，マイクロフォンの発明と相まってレコードの音質・音量に劇的な向上をもたらした。それがきっかけとなって日本に欧米からビクター，コロムビアの外資のレコード会社が本格的に進出し，現在の流行歌につながる日本のポピュラーソングの本格的な登場を促した。1950年代のSP盤からLP（Long-Play）盤への移行はさらに劇的な変化をもたらした。SP盤では1枚のレコードの演奏時間が数分であったのに対し，LP盤では一挙に50〜60分に延長された。これによってポピュラー音楽や流行歌の分野ではレコードを制作するということが，SP時代には3〜4分の曲を2曲（A面とB面各1曲ずつ）つくることだったのだが，LP時代になると1枚のレコードに十数曲収録するようなアルバム単位で作品を市場に出すようになった。これはポピュラー音楽のつくり方の革命であった。またクラシック音楽の分野では，SP時代には十数枚

のレコードに分割して録音しなければならなかった，ベートーベンの第九交響曲のような1時間を超える作品でも，LP盤では1枚のレコードに収録できるようになり，ファンは曲の途中で何度もレコード盤を交換する煩わしさから解放された。

そして1950年代の終盤になると，レコードは同じLP盤でもそれまでのモノラル時代が終わって，ステレオ時代が到来した。ステレオは1本のレコードの音溝に2つのマイクロフォンで録音した音を記録し，それを左右2つのスピーカーから再生するものであり，人間が2つの耳で音を聴くという事実に適したシステムである。これによってわれわれはコンサート・ホールで聴く生の演奏の音にきわめて近い，広がりと奥行きのある立体的な音をレコードでも聴くことができるようになった。その意味でステレオ・レコードの開発は革命的な出来事だった。このステレオという録音システムは，LP以後のCDやMDなどの音楽メディア，さらにはVHSやLDなどの映像記録メディアにも引き継がれていることからもわかるように，きわめて普遍性の高いシステムということができる。

このようなLPの開発とそれに続くステレオの開発は，レコードによる音楽文化の隆盛に大きな役割を果たした。ポピュラー音楽の分野では，LP・ステレオの登場に促されるように，ロック，モダンジャズ，フォーク，ニューミュージックなどの新たなジャンルの音楽が出現し，多くのスーパースターが登場した。彼らはアルバムという形で音楽を発表し，そのなかからヒットソングを選んでシングル盤を発売するというようなやり方を，アーティスト活動の原点に置くようになった。クラシックの分野でもLP・ステレオの時代になると，カラヤン，ショルティ，バーンスタイ

ンのように，レコードの録音ということを，従来の演奏会活動と同等，あるいはそれ以上に重要視する演奏家も現れ，ヨーロッパのグラモフォン，フィリップス，EMIや，アメリカのRCA，コロムビアなどのメジャーレーベルを中心に，高音質の録音が継続的に行われる時代が到来した。

CDの誕生とデジタル時代の到来 1970年代になると情報化社会の到来ということが，マスコミなどでも盛んにいわれるようになった。60年代までの工業化社会の時代は，モノをつくって売る時代であったのに対して，情報化社会は情報を売る時代になったということである。そして80年代に入るとニューメディアの時代ということが喧伝されるようになる。80年代の前半，エンターテインメントを中心とするコンテンツを取り込み，かなりの早さで社会への浸透をみせた，3つの新たなパッケージ系のニューメディアがあった。1つはコンピュータを装填したゲーム機である。任天堂が開発したゲーム専用のパソコンともいえる，ファミコンが83年に登場したことを契機に，マニアだけのものという感が強かったコンピュータ・ゲームは，大人から子どもまでが楽しめる，文字どおりのファミリー・アイテムとなる。2つ目のニューメディアは82年に登場したビデオディスクである。映像の記録メディアとしてのビデオは，家庭用ビデオテープとしてVHSがすでに普及の途上にあったが，LD（レーザーディスク）とVHDの開発によってビデオの時代が本格化した。音楽ビデオ（ビデオクリップ）のバイブルともいうべき，マイケル・ジャクソンの「スリラー」が生まれたのもこの時期である。

3つ目のニューメディアが，音楽のデジタル記録・再生メディアとして1982年に登場したCD（コンパクトディスク）である。

日本のソニーとオランダのフィリップスの共同開発によって誕生したCDは，82年10月に世界のどこの国よりも早く，日本の市場にその姿を現した。それはこれまでのLP，EP，ステレオの開発では，常に欧米の企業に先を越されていた日本の企業が，CDでは音楽メディアの開発で，初めて先陣を切ったことを意味するものであった。

　20年ものあいだ，ステレオ録音のLPレコードで音楽を楽しんできた音楽ファンの多くは，CDの登場を必ずしも最初から歓迎したわけではない。しかし，彼らがCDの魅力に気がつくのにそれほどの時間はかからなかった。LPに比べてのCDの優位性はすぐに明らかとなった。まず，CDは手にとってもほとんど重さを感じないほど軽量で，しかも直径12 cmという小さなディスクのなかに，LPとは比較できないほど高音質の音楽を最長74分も記録することができる。そして，その音はLPにみられたようなマスターテープの音と比べての劣化がほとんどない。また，LPのように針を使う再生ではなく，レーザー光線で信号を読み取るので，スクラッチノイズがまったくない。このようにCDにはLPに比べて形態や音質の圧倒的な優位性がある。それに加えて音楽というコンテンツがデジタルの信号に変換されていることにより，従来のレコードでは不可能だった数々の便宜性も具備している。たとえばCDプレーヤーの液晶の小窓には，総曲数，総演奏時間，演奏中の曲順，演奏中の経過時間などが表示されるようになった。またランダム・アクセスの機能があり，リモコン・ボタンによって，瞬時の演奏曲目変更や中断が可能となった。

　このような数多くの優位性をもつCDの普及の足取りは予想以上に速く，誕生の5年後の1987年には，それまでの30年間音楽

記録メディアの王者として君臨したアナログメディアのLPを生産高で上回り，その王座から引きずりおろした。

音楽聴取の多様化　ここまでSPから始まってモノラルLP，ステレオLP，CDに至るレコード＝ディスクの音楽メディアの変遷をたどってきたが，音楽メディアとして1970年代を中心に広く普及したミュージック・カセットテープを忘れてはならない。ミュージック・カセットテープは64年にオランダのフリップスが開発した，約3ミリ幅の磁気テープをプラスティック・カートリッジに密閉した，手のひらよりも小さいサイズのメディアである。アメリカではLPレコードに並ぶ音楽を収録した商品としての広がりも大きく，83年にはLPの売上よりも録音済みカセットテープの売上のほうが30％も上回った。しかし，日本ではカーステレオで聴かれることが多い演歌のジャンルや，カラオケの伴奏用の音楽では，録音済みカセットテープの需要があったが，一般的には音楽や会話などを録音する用途のほうが広がった。

このミュージック・カセットテープが普及した大きな要因に，前出のカーステレオの普及と，1979年ソニーが売り出したウォークマンの爆発的普及がある。カーステレオは文字どおり自動車のなかで音楽を聴くものであり，ウォークマンもその名が示すとおり，歩きながらでもヘッドフォンを通して音楽を聴くことができるテープ・プレーヤーである。水平なタンテーブルを回転させなければ再生が不可能なLPレコードでは，走る自動車の中や道を歩きながら音楽を聴くことは不可能だったが，ミュージック・カセットテープを利用することによって，車の走行中や歩行中など，テープ・プレーヤーが大きく振動する環境に置かれても，音

楽の再生に支障をきたさなくなった。

このことは音楽ファンの音楽聴取のあり方に大きな変革をもたらした。レコードの時代には音楽は基本的には屋内で聴くことしかできなかった。しかしミュージック・カセットテープの開発によって自分の好きな音楽をドライブ中や，通勤・通学の電車のなかでも再生して聞くことができるようになった。

このようなミュージック・カセットテープのもつコンパクト性や振動への強さは，CDに受け継がれた。1980年代に入ってCDが開発されると，カーステレオとしてCDプレーヤーが装備されるようになった。そしてウォークマンもミュージック・カセットテープを使ったものが減って，CDウォークマンが急激に増えていった。

このようなメディアの進展による音楽ファンの音楽聴取の形態の変化や多様化は，音楽ファンに恩恵がもたらされるという意義をもつだけではなかった。音楽をつくったり演奏するアーティストにとっても，新たな音楽を創作する意欲を促されることにつながった。またメディアを開発した産業側には市場の活性化による売上の増加という好ましい結果がもたらされた。とくにCDの開発以降はこのような傾向が顕著となった。

コピー問題とレンタル業の出現　このようにメディア開発が進み音楽市場が膨らんで行くなかで，音楽産業には大きな問題が浮上してきた。それはレコード会社が制作し販売する音楽が無料でコピーされてしまうという問題が徐々に大きくなって行ったということである。この傾向が顕著になったのは，1970年代のミュージック・カセットテープの登場が大きなきっかけとなった。ミュージック・カセットテープは，レコード会社が音楽を

収録して商品として販売する一方で、ブランク・テープが売り出され、テープレコーダーによる音楽の録音が可能になった。とくにこの時代はラジカセ（ラジオつきカセットテープ・レコーダー）が若者のあいだで大いにもてはやされた。このラジカセを使って、音楽ファンのあいだではFM放送の音楽番組をカセットテープに録音することが広く行われるようになった。この行為を促すように、FM雑誌は音楽番組の内容の詳細を毎号予告し、そこには放送する楽曲の秒単位の演奏時間まで掲載されていた。放送局側は番組が録音されることを想定して、フェイドアウト（途中で演奏をやめる）や、音楽にアナウンサーのナレーションをかぶせることを止めた。

　CDの時代になると今度は、CDラジカセが発売され普及した。CDラジカセはラジカセの機能にCDプレーヤーが加えられたもので、ラジオ放送からのコピー録音に加えて、CDからテープへのコピー録音もできるようになったものである。これによって若者のあいだでは友人から借りたCDをコピーしたり、自分のもつ複数のCDからお気に入りの楽曲を取り出して自分の聴きたい曲順に並べる「マイ・フェイバリット・テープ」を作成したりすることが流行した。

　1980年代の前半になると、このような傾向を大きく助長するような事態が発生した。それはレコードのレンタル業の出現である。80年6月、東京の三鷹に大学生によってレンタル店の第1号店が開店し、シングル盤を1枚40～50円、LP盤を1枚200～300円で貸し出すことを始めたところ大当りし、それが新聞に大きく報道された。そのことがきっかけとなってその年の年末までにこの種の店が全国30店に増えた。この時からレコード産業と

レンタル業とのあいだの長期間にわたる対立が始まった。当時の日本の著作権法ではレコードのレンタルを違法と決め付けることはできなかった。日本レコード協会は政府に対して著作権法の改正を陳情し、レコード制作者にレコードの頒布権や貸与権を認めるよう働きかけ、国会への陳情やデモ行為まで行った。その結果レコード会社は貸与の許諾権を得たり、レコード会社とレンタル店のあいだで、レンタルの対象とするレコードの種類や期限を制限する合意が結ばれるようになった。しかし、レンタル店を全面的に排除するまでには至らなかった。全国のレコードレンタル店の数は89年のピーク時には6000店を超え、通常のレコード販売店の数を上回ろうかというところまで増加した。とくに若い音楽ファンのあいだではCDを借りて音楽を聴いたり、コピーしたりするということが広く行われるようになった。

ここで注目すべきことは、このようにレンタルというビジネスが隆盛を極め、CDの販売が足を引っ張られていたとされる、1980年代の後半から90年代にかけての時期にも、CDの生産高・販売高は上昇の一途をたどっていたことである。85年には2000億円台だった日本のCDの生産高は、91年には4000億円を超え、93年には5000億円を超えるまでに膨らんだ。このことからは、CDはコピーするものではなく買うものとする音楽ファンも多く存在していたと考えることもできるし、レンタル店から借りたCDをコピーしながらも、欲しいCDはレコード店で購入する音楽ファンも多かったとも考えられる。またCDという魅力的なメディアの出現に刺激されて、新たな音楽が生まれたことも事実であり、多くのミュージシャンが新鮮で魅力ある音楽をファンに提供する環境が生まれ、音楽市場が活性化されたともいえる。

カラオケ産業の隆盛　1990年代に入る頃から，メディアのデジタル化の進展がさらにその速度を上げるようになった。この頃からそれまでニューメディアと総称されていた新たなデジタルメディアはマルチメディアと呼ばれるようになった。この時期にはCDの新しい機能の開発が進んだ。CDが80年代からオーディオ（音楽）のメディアとして目覚ましい進展をしたことはこれまでにみてきたとおりだが，この時期になるとCDの映像メディアとしての機能が注目されるようになった。そこではCD-ROM，CD-I，CD-G，ビデオCDなどと称され，少しずつ異なる規格をもつ，映像と音楽が融合するメディアが相次いで開発された。これらはVHSテープやLDよりも小型で軽量の映像メディアとして開発当初は大いに期待された。

しかし，0.7ギガバイトというCDの記録容量は音楽のメディアとしては十分だったが，現行のDVDに比べれば約7分の1の容量しかなく，長時間の映画や高画質が要求される音楽ビデオなど，ほとんどのジャンルの映像には不向きであった。例外的にCD-ROMが受け入れられたコンテンツにはゲームソフトがある。当時のゲームソフトは画像の精度の要求度もそれほどは高くなく，音楽も電子音を使った必要容量の少ないものだったからである。

映像メディアとしてのCDの規格にマッチしたコンテンツがもう1つあった。それはカラオケというコンテンツである。カラオケの映像は，歌うための歌詞を表示することが第一義であり，背景の動画のクォリティの要求はそれほど高いものではなかった。このため精細度の低いCDの動画映像でも商品として通用したのである。この場合にカラオケに採用された映像系CDメディアは，音楽と静止画を組合せたCD-G（CDグラフィックス），音楽を圧

縮して動画を取り入れたビデオ CD である。

そもそもカラオケ産業もメディアの変遷とともに発展してきた産業である。1970年代の前半に誕生したカラオケは、70年代を通じて着実に拡大して行き、70年代後半に至って、第1次カラオケブームが生まれる。この時期はオーディオ・カラオケの時代であり、メディアは8トラックテープ（カートリッジ型）が圧倒的に主流であったが、途中からミュージック・カセットテープも加わり、ある程度の普及をみる。ここでの第1次カラオケブームは、ホーム用カラオケの普及もあったが、中高年の男性が集まる、大人の夜の遊びの場でのカラオケに、大きなウエイトがあった。

1978年には東映ビデオにより、ビデオ・カセットテープによる映像カラオケのソフトが初めて発売される。これは広く普及するには至らなかったが、82～83年にかけて LD（レーザーディスク）と VHD ディスクという、2種のビデオディスクが開発され、その機能と画質がカラオケソフトにマッチしたことから、カラオケ市場が大きく飛躍する。映像カラオケ時代の到来である。これを第2次カラオケブームと呼んでいるが、この映像カラオケの隆盛は90年代まで続く。

通信カラオケが先行した音楽配信　1990年代の前半に訪れたのが CD-G やビデオ CD などの CD 系のマルチメディアを取り入れた、カラオケ産業のさらなる繁栄である。この時期のカラオケの隆盛にはメディア的要因のほかにもう1つ大きな要因があった。それはカラオケボックス、あるいはカラオケルームというカラオケを歌う場が出現したことである。それまでのカラオケはその多くがスナックやバーやレストランなど、アルコールが置かれている夜の遊びの場での余興として楽しまれるものだった。

しかしカラオケボックスは，昼の時間に純粋にカラオケを歌うだけの目的で利用できるもので，学生や女性が気軽に立ち寄ることができる，従来にはない環境を提供するようになった。このようなことでニューミュージックやロックなどのJ-POPや洋楽の楽曲が，カラオケで歌われるようにもなった。96年には全国のカラオケボックスの数は16万室となりピークを迎えた。この時期のカラオケの隆盛は，第3次カラオケブームと呼ばれる。

じつは，この時期のカラオケの繁栄をもたらしたものに，さらに特筆すべきメディアの進展があった。それは通信カラオケという，音楽配信によるカラオケ・システムの登場である。従来からのパッケージ・メディアの映像カラオケは，伴奏の音楽が収録されているCDやLDのなかから，必要な楽曲を選んでプレーヤーで再生するものである。これに対して通信カラオケは，音楽のデータが通信回線を通してサーバーから送られて来て，店に置かれている装置によって再び音楽として再生演奏されるものである。

このような通信カラオケはカラオケ店にとっては，新しい曲が入ったCDやLDなどを毎月購入する必要がなくなることや，買ったCDやLDをストックしておく場所が不要になるなど，経済的なコストダウンのメリットがあった。利用するお客にとっては，新曲の供給の早さという利点がある。通信カラオケは通信回線で新曲が供給されるため，CDやLDのようにディスクの製造工程や流通過程に必要な約1カ月の時間が不要になる。さらに歌いたい曲のリクエストにかかる時間も大幅に短縮される，というメリットがあった。このようなことで通信カラオケは1994年に出現して2年後の96年には，CDやLDなどのパッケージ系カラオケを凌駕するようになった。

このように通信カラオケは音楽を信号化して回線で送るというものであり，それはこの後の時期に登場するインターネットによる幅広い音楽を対象とする，いわゆる音楽配信の先駆けである。ただし，この時期はまだ後のブロードバンド時代のように，容量の大きい生音の音楽を配信することは難しかったため，カラオケの音楽は音数の少ないシンセサイザー音で送らなければならなかった。このためカラオケの音楽は，CDカラオケに使われていた音楽はそのまま使えず，シンセサイザーでつくり変えなければならなかった。

　しかしそのことでカラオケの音楽が簡単につくれることになり，必ずしもレコード会社や既存のカラオケ企業のソフト制作のノウハウの必要はなくなるという事態になった。このため通信カラオケの時代には他業界からのカラオケ産業への介入が相次いだ。ゲームソフトメーカーのタイトーや，ミシン会社系列のエクシング，リコー系のギガネットワークなどがその例である。このようにしてネットワークによる配信という，音楽の流通の新しいスタイルが実質的なスタートを切ったのである。

3　構造変化が始まる音楽産業

iPodの普及が意味するもの　前節でみたように通信カラオケをそのさきがけとする，ネットによって音楽をユーザーに配信するという行為は，レコード会社にとっては，最初の段階ではCDによる音楽販売に併行する，そして将来的にはCDに取って代わるかもしれない新たなビジネスとして，前向きに取り組もうとしていたものである。ところが，ナップスターに代表さ

れるようなインターネット上の無料の音楽交換サイトが出現し，インターネットでは音楽が無料で入手することができる，ということをユーザーに印象づけてしまったことが，音楽配信の成り行きをスタートの時点から大きく狂わせてしまった。

しかし，時間の経過とともに無料の交換サイトが違法という判断が社会的に確認され，若い世代のユーザーのあいだにモラルの改善もみられ，少しずつではあるが業務停止に追い込まれるサイトも出てくるなど，ここへ来て音楽のネット配信の環境も整備され，ビジネスとしての音楽配信が欧米でも日本でも進展をみせるようになった。アメリカではその牽引車となっているのが，2003年4月にスタートした，アップル・コンピュータによるアイチューンズ・ミュージックストア（iTMS）である。iTMSは1曲99セントという低価格を打ち出し，同社のデジタル携帯音楽プレーヤーのiPod（アイポッド）で，購入した音楽を再生できることがユーザーに受けている。2003年7月に発売されたアイポッドの新機種「iPod mini」が，日本でも東京銀座の直営店で6時間で1500台が完売されたというニュースも大きく報道された。アメリカではアップルに続いて，ロキシオの参入により合法的なサイトに変身したナップスター，ディスカウント小売大手のウォルマートなど，1曲99セント以下の配信事業に参画する事業体は増加しており，すでに十数社に及ぶ。レコード会社系では唯一ソニーが「Connect」というサービスを開始している。

このようにアメリカではソニーを除くほとんどのレコード会社が，音楽配信の事業をアップル社などのアウトサイダーの手に委ねる方向だが，日本ではソニーを筆頭に多くのレコード会社が，自らの事業として展開していこうとする意向が強かった。その核

となっているのが，2000年4月にソニー・ミュージックエンタテインメントやエイベックスなど，レコード会社18社の共同出資で発足した配信会社「レーベルゲート」である。その「レーベルゲート」は，2004年には東芝EMI，ワーナーミュージック・ジャパンという，従来まで未参加だったメジャーの2社も合流し，同年4月からは新しいサービスブランドMora（モーラ）を立ち上げて，サイトをリニューアルするなどその動きが活発化し，2005年夏の時点で配信可能な曲数が20万曲に達した。

しかし，2005年に入ると日本の音楽配信市場も，これまで以上に風雲急を告げてきた。それは同年8月に米アップル社のiTMSが，日本での配信サービスを開始したからである。同社はほとんどの日本の大手レコード会社との楽曲提供の交渉に成功し，当初から配信曲数100万曲を打ち出した。価格こそ日本のレコード会社との折合いがつかず，1曲150円でのスタートとなり，アメリカでの1曲99セント（約110円）にまでは引き下げられなかったが，それでも初日からの4日間で，ダウンロードの楽曲数はのべ100万曲に達したという。この時期には日本では「レーベルゲート」のほかにもすでに，「オリコンスタイル」「ONGEN」「楽天」「マイクロソフト」「ヤフー」などの配信サービス，それにNTTコミュニケーションズやauなどの携帯電話による「着うた」のサービスも話題を呼んで，ユーザー数も従来以上に広がり始めた。このことからテレビや新聞の報道では，2005年を「音楽配信元年」ということも多くなった。

また配信サービスと同時に，ユーザーが配信サービスを受けるための機材，すなわち携帯型のデジタル・オーディオ・プレーヤーの市場競争も熾烈になってきた。こちらもアップルのiPodが

巧みな市場戦略によって，日本のいくつかのオーディオ・メーカーの製品や，韓国・中国などアジア諸国からの安価な輸入品などをリードしてきたが，出遅れていたソニーがウォークマンのブランドによる，新製品を次々に打ち出したことから，この時期には市場はiPod対ウォークマンの戦いに絞られる様相も呈してきた。

**変身を強いられる　　**こうした状況のなかで最近になって日本の
**レコード産業　　**　　レコード産業には，いくつかの変化が現れている。たとえば，既存のレコード会社にはこれまでのように，楽曲を制作してそれを複製して販売することを主軸にするビジネスからは，脱却しようとする動きがみられる。それはここまでみたように，CDの売上は下降の一途をたどり，それに代わると期待される配信事業もまだ見通しが立たない状況にあるからだ。そのため従来までは周辺の企業に任せていた，アーティスト・マネージメント，出版，マーチャンダイジングなと，アーティストが産み出すあらゆる収入を，レコード会社が確保して行こうというものである。

このような状況のなかで，すでにエイベックスは自社の売上のうち，CDなどのパッケージ販売からの収入の比率を近い将来50％以下に押さえると宣言している。また世界のメジャーの一翼を担うソニーミュージックでは，レコード会社の主たる機能である，音楽の制作・宣伝・販売に加えて，従来は系列の関連会社，あるいは外部のプロダクションに任せていた，アーティストのマネージメントやマーチャンダイジングの機能を，自社のなかに取り入れるような体制を強化している。一例をあげれば2003年7月に設立された「ザ・ミュージックカウンシル」はアーティストの発掘から原盤制作，宣伝，コンサート運営，マーチャンダイジ

ングなど音楽ビジネスの入口から出口までを包括して取り組んでいる。また同社は、この後に同じ性格をもつもう1つの組織ユニットとして「ソニー・ミュージックワークス」の設立も発表した。

2004年になると今度はビクターエンタテインメントが、これまでいくつかの機能別の関連会社で運営していた、アーティスト・マネージメント、コンサート、楽曲管理、キャラクター・ビジネス、CDの輸出入の業務機能を、「JVCエンタテインメント・ネットワーク」という新会社をつくり、そこに集約する体制をつくった。これにより同社は母体のビクターエンタテインメントが担う基幹事業のレコード・ビジネスを1つの柱とする一方で、従来は周辺ビジネスと呼んでいた、アーティストや楽曲にかかわるさまざまな関連業務で新会社が担う事業をもう一方の柱とする、2本立ての体制で今後の音楽事業に取り組むことになった。

このように大手のレコード会社の動きのなかで、彼らが目標として掲げているのは、「総合的な音楽ビジネスへの転換」ということである。彼らはもはやCDの制作と宣伝と販売だけを自らのビジネスとはいわない。アーティストや楽曲を育成することにかかわるすべてのビジネスこそ、これからの音楽ビジネスという。

始まった音楽産業の再編成 このようなレコード会社の動きについては、それを彼らの危機感がもたらす苦し紛れの対応策とみることもできる。確かにこの動きはレコード会社が、従来は外部が保有することを是としていた、アーティストや楽曲にかかわる権利を、これからはそのすべてを自分で抱えていこうということにほかならない。しかし一見すると、既存のレコード会社の自己防衛策にしかみえないこの動きのなかに、今後の音楽産業の新たな構造を産み出すきっかけとなる要素が含まれている

のではないか。

このようなレコード会社側の動向に対抗するように、プロダクションや音楽出版社あるいはレコード・ショップなどが、本来はレコード会社の守備範囲である音楽制作に名乗りをあげるケースが、従来にも増して多くみられるようになった。彼らはすでに音楽制作のノウハウは十分に持ち合わせている。また2003年に設立された「に・よん・なな（247）・みゅーじっく」のように、インディーズの集合体ともいえる、従来にない形をとる制作会社も現れた。この集団はアーティストや元メジャー・レコード会社のスタッフなどが社長を務める、数人からなるインディーズと呼ばれる規模の小さいレコード会社の集合体で、社長自らが宣伝マンとして、ラジオ局を訪れたり、コンサートでは客の呼び込みまでするというような日常活動で成り立っている。

もちろん従来からもプロダクションや音楽出版社が音楽制作に取り組むことは、多くみられたことであるし、インディーズと呼ばれるアーティストにきわめて近い最小規模の集団も数多く活動していた。しかし、既存のレコード会社側が前出のような動きをみせているいま、このような状況が生まれていることは、そのことがもつ意味がこれまでとは異なることに注目すべきである。既存のレコード会社が、音楽ビジネスにかかわる多くの機能を取り込んだ比較的小規模な集団の集合体に変わりつつあるということは、それらの集団とプロダクションや音楽出版社などの非レコード会社が立ち上げた音楽制作会社や、新たな形のインディーズの制作会社との差異がなくなりつつあるということである。つまり少人数のスタッフが、いくつか機能を兼務しながら、アーティストと音楽ファンをつなぐ役割を果たしていくというユニットが、

既存のレコード会社のなかだけでなく、プロダクションや音楽出版社のなかやその周辺にもたくさん生まれて、音楽制作に取り組んでいくという構図が生まれる兆しがみられるのである。

このような新たな構図が生まれようとしていることは、新たな分業の形が音楽産業内に誕生しようとしているとみることができる。1990年代までの分業は、レコード会社、アーティスト・プロダクション、音楽出版社、プロモーター、など産業内の各業種の企業のそれぞれの持ち分は、その境界線が幾分はくずれつつあったものの、基本的には異なっており区分されていた。この状態を水平的分業と呼ぶとすれば、いま新たに生まれようとしている状況は、その水平的分業の時代には異なる業種の企業が分担していたそれぞれの機能を、個々の企業がそのなかに持ち合わせ、どの企業も自己完結的な分業形態をもつ垂直的分業の時代の到来ということができる。

広がる音楽ファンの選択肢 ここまでみてきたように、今後音楽ファンがどのようなメディアで音楽を楽しんでいくのかは、先行きがみえていない状況にある。しかし現段階でいえることは、これからは複数のメディアが競合し、音楽ファンは自分の好みのメディア、あるいは聴きたい音楽にふさわしいメディアを、自由に選ぶ時代が続くのではないかということである。つまり音楽を従来のメディアであるCDで聴くのか、音楽配信をパソコンで聴くのか、iPodのようなデジタル・オーディオ・プレーヤーで聴くのか、携帯電話の「着うた」で聴くのか、たくさんの選択肢がある状態が続くのではないかということである。

確かにわれわれはCDというメディアについてはすでに慣れ親しんでおりその性格も特徴もよく知っている。しかし、音楽メデ

ィアとしてのインターネットや携帯電話についてはまだ馴染みが薄い。しかも，これらの新しいメディアはまだ発展の途上にあり，日々その機能や効能が向上している。さらには明日には今までまったく姿がみえなかった新しい音楽メディアをIT産業のどこかの企業が開発し，われわれの目前に提供してくるかもしれないのである。このようにメディアの選択肢が広がることは音楽ファンにとっては望ましいことであろう。

レコード産業側も新たなメディアの効用については，常に前向きの姿勢をもって当たるようになった。たとえばインターネットについて，彼らは単に音楽を販売する配給機能だけを考えているのではない。すでに主要なレコード会社のホームページやアーティストのサイトを開けば，新譜の試聴サービスや，イベントやコンサートなど各種の情報を得ることができる。インターネットによるアーティストや音楽の宣伝は，すでに実験の段階を過ぎて，実用の段階に至っている。

それは必ずしもインターネットが，既存の媒体に取って代わることを期待するものではない。期待されているのは，テレビ，ラジオを中心とする，多くの既存の音楽プロモーション媒体に，インターネットが加わったことによって発揮される相乗効果である。他の媒体と有機的に活用されることによって，インターネットのもつ音楽宣伝媒体としての機能は存分に生かされることになるだろう。それはインターネットの特性である，双方向性，パーソナル性，時間選択性など，ほかの媒体にはない要素が補完的に作用することによって実現されつつある。

このようなことから判断していえることは，現状の音楽メディアの混迷をCDの時代から次世代メディアへの転換期の動揺と捉

えてしまうと，次世代メディアとは何かの問題が解決するまで，動揺し続けることになってしまう。次世代とはパッケージ・メディアと非パッケージ・メディアの双方にまたがる，複数メディアが共存する時代と捉えてその足固めをすることが，音楽産業が混迷の状態から脱出する早道ではないか。現実に音楽産業は今その方向に向って進み始めているように思われる。

《参考文献》

生明俊雄［2004］，『ポピュラー音楽は誰が作るのか——音楽産業の政治学』勁草書房。

岸本裕一・生明俊雄［2001］，『J-POP マーケティング』中央経済社。

津田大介［2004］，『誰が「音楽」を殺すのか？』翔泳社。

野口恒編［2005］，『カラオケ文化産業論』PHP 研究所。

東谷護編［2003］，『ポピュラー音楽へのまなざし——売る・読む・楽しむ』勁草書房。

増田聡・谷口文和［2005］，『音楽未来形——デジタル時代の音楽文化のゆくえ』洋泉社。

キース・ニーガス（安田昌弘訳）［2004］，『ポピュラー音楽理論入門』水声社。

ジェイソン・トインビー（安田昌弘訳）［2004］，『ポピュラー音楽をつくる——ミュージシャン・創造性・制度』みすず書房。

*Column*⑧ 「スーダラ節」の歴史的意義

　1961年8月，東芝レコード（現在の東芝EMI）から，植木等の歌う「スーダラ節」が発売された。このレコードは東芝レコードが制作したものではなかった。制作したのはアーティスト・マネージメントを本業とする渡辺プロダクションであり，実質的なプロデューサーは同社の社長の渡辺晋だった。渡辺はこの年の6月に開始された日本テレビの「シャボン玉ホリデー」への出演によって，一気に人気の出た植木等のキャラクターを，そのまま生かした曲をつくれば必ずヒットするという確信をもち，自分のつくりたい歌のイメージを作曲家の萩原哲晶と，作詞家の青島幸男に説明し，両者に作曲と作詞を依頼した。

　それはテレビ番組のなかで歌われる歌としてのみつくられたものではなかった。レコードとして発売することを視野に入れたものであり，その歌の録音はレコードの原盤としてのクォリティをもっていた。録音の場での指揮をとったのも渡辺晋だった。それは従来ならばレコード会社のディレクターが取り仕切る仕事であり，紛れもないレコード原盤の制作行為そのものであった。

　これが日本のレコード会社で発売された邦楽レコードで，初めてレコード会社の外で原盤が制作されたケースである。これが契機となって，アーティスト・プロダクションや音楽出版社（楽曲の著作権を管理するのが本業）が，レコードの原盤をつくるようになり，大正時代にレコード会社が流行歌をつくり始めてから，ずっとレコード会社が独占していたレコード原盤の制作という機能が，周辺の異種企業に侵食されるようになる。その結果レコード会社は原盤の使用権を完全にコントロールできなくなった。このため21世紀に入って音楽配信が本格化すると，すべての曲がレコード会社の意のままに配信できるとは限らない，という問題も生じることになった。

索　引

【アルファベット】
A ADSL　81, 84
AIDA モデル　211
ARPU　70
ATP　33
A 級映画　214
B BB モバイル　71
B-CAS カード　39
BMG（ベルテルスマン）　222
BPA（BS デジタル放送推進協会）　22
BS　12, 19
BS-5　22
BS アナログ放送　17
BS デジタル放送　17, 21
BS 放送事業者　12
B 級映画　215
C CCCD　227
CCI →サイバーコミュニケーションズ
CD　230
CD ウォークマン　233
CD プレーヤー　233
CD-G　236
CDMA 2000 方式　68
CDMA 方式　68
CD-ROM　236
CHOKKA　61
CS　12, 19
CS デジタル放送　17
CS 放送事業者　12
D D2 コミュニケーションズ　183
DAC（デジタル・アドバタイジング・コンソーシアム）　183, 195
DVD　236
E eBay　101
Edy　75
e-Japan　103
e-Japan II　104
e-Japan 戦略　82
e-Korea　106
eoTV　89
ep 放送　23
e ドンキー　95
e-文書法　104
F FM ケータイ　74
FS 生産システム　213
FTTH（光サービス）　85
G Google　89
Google News　91
GPS 機能　74
GSM　68
GyaO　34
H HDTV　20
Headline Today　135
I ICT（情報通信技術）　105
IIJ　80
IMC　189
i-mode　66
IP（インターネット・プロトコル）　61
IP 再送信　36
IP 伝送　36, 37
IP 電話　63
IP マルチキャスト技術　36
iPod（アイポッド）　240
iPod mini　240

IRU契約　108
ISDN　59, 84
ISP（インターネット・サービス・プロバイダー）　83
iTMS（アイチューンズ・ミュージックストア）　240
iTunes（アイチューンズ）　95
IT基本法　→高度情報通信ネットワーク社会形成法
IX　85
J　JR東日本企画　184
JUNET　80
JVCエンタテインメント・ネットワーク　243
K　KDD法　→国際電信電話法
L　LCR（最安ルート選択機能）　53
LIBRIe　167
LP盤　228
M　mediba　183
mixi　97
Mora　241
MPAA（全米映画協会）　96
N　NCC　53
NEEDS　136
NHK　13, 40
NHK改革　41
NHKスクランブル化問題　40
NIE　142
NTT法　53
P　PBX　76
PDC方式　68
PHS　67
Q　QUICK　136
R　RIAA　95
RMP　39
S　SCM（サプライ・チェーン・マネジメント）　164
SDTV　21
SNS（ソーシャル・ネットワーク・システム）　97
SP盤　228
T　TBWAジャパン　187
Toipx.net　91
Tokyo Headline　135
TVバンク　35
U　UHF　24
u-Japan　104
u-Korea　106
USEN　34
V　VHF　24
W　W-CDMA方式　68
WIDEプロジェクト　80
WIP（ワールド・インターネット・プロジェクト）　94
WPPグループ　187
WWW　80

【あ行】

アイチューンズ　→iTunes
アイチューンズ・ミュージックストア　→iTMS
アイピーモバイル　71
アイポッド　→iPod
アクセスライン　85
朝の読書運動　174
アスクル　103
アスパラ・クラブ　140
アドセンス　194
アドバタイジング・エージェンシー　185
アマゾン　102, 165
委託販売制度　153
委託放送事業者　17

1業種1社制度　185, 186
一県一紙　118
一般紙　114
イー・モバイル　71
岩波書店　147
インターネット　80
インターネット・カフェ（ネット・カフェ）　94, 172
インターネット広告　193
インターネット広告専門会社　183
インターネット・サービス・プロバイダー　→ISP
インターネット・ブーム　81
インターネット・プロトコル　→IP
インターパブリックグループ　187
インディ　206
インディーズ　244
ウイニー　95, 227
ウィルス　110
ウインドウ戦略　202
ウェブ新聞　91
ウェブ通帳　99
ウォークマン　232
映像産業振興機構　216
オークション　71
オークション詐欺　110
おとくライン　61, 76
お話しキャラバン　174
おはなしマラソン　174
オプティキャスト　19
オプト　183
オプトインメール　194
オフネットワーク・シンジケーション番組　29
オムニコムグループ　187
音楽ビデオ（ビデオクリップ）　230
オンラインTV　19
オンライン書店　153, 165

【か 行】

海賊版　96, 169
カカクコム　101
貸し本業　171
貸しレコード屋　171
角川書店　172
カラオケ　237
キー局　28, 29
キャッシュ＆バータ　31
キャラクター・ビジネス（ライツ・ビジネス）　162, 168
業界紙　114
共同通信社　119, 120
キラーコンテンツ　203
金融返品　154
口コミ　211
グヌーテラ　226
クリエイティブ・エージェンシー　184
クリエイティブ・ブティック　184
クロスメディア　196
慶應塾生新聞　139
経済の伝書鳩　135
ケータイ　73
ゲートキーパー　207
ケーブルテレビ事業者　12
検索連動型広告　193
県紙　116
高級紙　122
興行　209
公共貸与権（公貸権）　173
広告会社　180, 181
広告収入　13
広告代理店　181
高速パケット　74

公貸権　→公共貸与権
行動ターゲティング広告　194
高度情報通信ネットワーク社会形成法
　　(IT基本法)　103
弘報堂　180
国際電信電話 (KDD) 法　60
コピーガード機能　90
5フォース分析　8
コミック誌　→漫画雑誌
コミックス　→漫画単行本
コミッション　28, 190
コミュニティ紙　114
コングロマリット化　133
コンセプト・メイキング　206

【さ　行】

サイバーエージェント　183
サイバーコミュニケーションズ
　　(CCI)　183
サイバーコリア21　106
再販売価格維持制度（再販制度）
　　121, 153
サイマル放送　24
最安ルート選択機能　→LCR
サーバーP　26
サプライ・チェーン・マネジメント
　　→SCM
ザ・ミュージックカウンシル　242
事業者識別番号　56
ΣBook　166
時事通信社　120
市場細分化属性　211
事前登録制　→マイライン
自動交換機　52
自動公衆送信　37
自動車電話　65
自動ダイヤル接続化　52

受信料収入　13
受信料制度　40
受託放送事業者　17
小学館　168
小新聞　123
少年ジャンプ　161
常備委託　154
情報通信技術　→ICT
女性週刊誌　158
ショートメール　73
ジーワンワールドワイド　187
新刊委託　154
新古書店　172
シンジケーション　29
シンジケーション市場　202
新潮社　147
新聞販売店網　121
スカパー　12, 17
スクランブル　14
ステレオ　229
ストア・オートメーション化　164
ストリーミング方式　34
スペースブローカー　181
スポーツ紙　114, 127
製作委員会方式　207
制作業務　189
制作プロダクション　31
セグメント　24
世帯普及率　128
セット販売　128
セプティーニ　183
セールス・ブローチャー　210
全国紙　116
セントラルメディアバイイング
　　191, 192
全米映画協会　→MPAA
専門広告会社　183

総合広告会社　183
総合週刊誌　158
総合出版社　149
総合情報機関　136
双方向型番組　21
ソシオ・エコノミック属性　211
ソーシャル・ネットワーク・システム
　　→SNS
ソニー　222

【た　行】
第2日本テレビ　34
第一種電気通信事業者　48
第三世代携帯　69
大衆紙　122
大新聞　123
第二種電気通信事業者　48
ダイヤルアップ　81
貸与権　170
ダイレクト・モデル　100
抱き合わせ販売　214
ターゲット観客　210
ターゲティング　194
多チャンネル放送　19
多チャンネル放送事業者　12
地域イントラネット網　108
地域紙　116
地上デジタル放送　24, 36
知的財産　202
知的財産基本法　216
知的財産戦略会議　216
着うた　68, 74, 95
着うたフル　74
中新聞　123
抽選方式　71
長期委託　154
著作権　34, 140

著作権ビジネス　168
著作権法　140, 170, 235
通信カラオケ　238, 239
定額制　60
デイトレーダー　99
デジタル圧縮技術　20
デジタル・アドバタイジング・コンソ
　　ーシアム　→DAC
デジタル・シネマ　220
デジタル新タワー　45
デジタル・ディバイド　78, 107
デジタルハイビジョン放送　20
デジタルホーム構想　107
デモグラフィック属性　211
デル　100
電気通信事業者　48
電気通信利用放送役務　89
電子辞書　166
電子自治体　105
電子商取引　98
電子証明書　104
電子書籍　166
電子書籍ビジネスコンソーシアム
　　166
電子署名法　104
電子政府　105
電通　181
電力線利用　87
読書推進運動　174
独立U局　14
ドミナント規制　54
取次　151
トリプル・ウィン・プロジェクト
　　164

【な　行】
ナップスター　95, 226, 227

2k　220
日経テレコン　137
日本出版取次協会　151
日本編集制作会社協会　149
日本複写権センター　141
日本レコード協会　222, 235
ニュースビュウ　138
に・よん・なな (247)・みゅーじっく　244
ネットカフェ　→インターネット・カフェ
ネット企業　100
ネットショッピング　98
ネットバンキング　99
ネットワーク配分金　28
ネットワーク犯罪　105

【は　行】
配　給　209
ハイ・コンセプト　209
媒体業務　190
媒体料金　190
配　本　151
パイロット計画　142
ハウスエージェンシー　183, 184
博報堂　181
函館新聞　144
バーター・シンジケーション　30
ハード/ソフト一体型　17
ハード/ソフト分離型　17
バナー広告　97
パブリシティ　210
パブリッシングリンク　167
パブリュシスグループ　188
番組制作会社　32
番組流通市場　29
版権ビジネス　202, 212

番号ポータビリティ　72
版面権　171
比較審査方式　71
光サービス　→FTTH
ひかり電話　76
光プラス　90
光プラスTV　19
非接触型ICカード　72
ビットトレント　95
ビデオCD　237
ビデオクリップ　→音楽ビデオ
110度CS　22
ビューティ・コンテスト方式　71
ファーストラン・シンジケーション番組　29
フィー　190
フィッシング詐欺　109
フォーカス　176
複合メディア企業　127
不公正な取引方法　121
ブックオフ　173
ブックスタート運動　174
プラス社　103
プラットワン　23
ブランケット　37
フリーペーパー　134
フリーマガジン　171
フルバーター　31
プレス・キット　210
プレス視察団　210
プレ・プロダクション　208
ブログ　96
プロダクション　208
プロダクト・アウト　209
ブロック紙　117
ブロードバンド　33
プロバイダー　85, 86

文藝春秋　147
分冊百科　162
ベルテルスマン　→BMG
編集プロダクション　149
返品率　154
放送プラットフォーム事業者　12, 18
ポスシステム　151, 164
ポータルサイト　88
北海道新聞　143
ポップアップ広告　97

【ま　行】

マイ・フェイバリット・テープ　234
マイライン（事前登録制）　56
マーケットイン　209
マスメディア集中排除原則　126
マッキャンエリクソン　188
マルチクライアント制度　185
マルチメディア　236
マルチユース　44, 202
漫画雑誌（コミック誌）　158, 161
漫画単行本（コミックス）　161
萬年社　181
ミュージック・カセットテープ　232, 233
ミリオンセラー　224
みんなの滋賀新聞　144
無線ICタグ　111
無線LAN　87
ムック　162
迷惑メール　109
メガ・エージェンシー　186, 187
メタルプラス　61
メディア・コンテンツ　202

メディア・ミックス　196
メディア・ミックス効果　149
メディアレップ　185
メトロ　134
免許事業　13
モバイルSuica　75

【や　行】

ヤフー　88, 100
有料収入　14
ユニバーサル・サービス　56, 62
ユビキタス・ネットワーク　111
4k　220

【ら　行】

ライツ・ビジネス　→キャラクター・ビジネス
楽天　101
ラジカセ　234
リスティング広告　193
リビング新聞　135
レーベルゲート　241
レンタル業　234
ロイター通信社　120
ローカル局　27, 28
ローミング　88

【わ　行】

ワールド・インターネット・プロジェクト　→WIP
ワンクリック詐欺　109
ワンスコピー　39
ワンストップショッピング　103
ワンセグ放送　25
ワンユース　33

有斐閣コンパクト

メディア産業論
Media Industries

2006 年 5 月 15 日　初版第 1 刷発行

著　者	湯浅　正敏 宿南　達志郎 生明　俊雄 伊藤　高史 内山　　隆
発行者	江草　忠敬
発行所	株式会社 有斐閣 東京都千代田区神田神保町 2-17 電話 (03) 3264-1315〔編集〕 　　　3265-6811〔営業〕 郵便番号 101-0051 http://www.yuhikaku.co.jp/

印刷　大日本法令印刷株式会社・製本　稲村製本所
© 2006, M. Yuasa, T. Shukunami, T. Azami,
T. Ito, T. Uchiyama. Printed in Japan
落丁・乱丁本はお取替えいたします。
★定価はカバーに表示してあります。
ISBN4-641-17311-7

Ⓡ本書の全部または一部を無断で複写複製 (コピー) することは,著作権法上での例外を除き,禁じられています。本書からの複写を希望される場合は,日本複写権センター (03-3401-2382) にご連絡ください。